如何从0到1

新任 HR 高管

黄渊明◎著

中国青年出版社

侵权举报电话

全国"扫黄打非"工作小组办公室   中国青年出版社

010－65233456　65212870   010－50856057

http://www. shdf. gov. cn   E-mail:bianwu@cypmedia. com

图书在版编目（CIP）数据

新任 HR 高管如何从 0 到 1/黄渊明著 . 一北京：中国青年出版社，2019.5

ISBN 978－7－5153－5492－7

Ⅰ . ①新… Ⅱ . ①黄… Ⅲ . ①企业管理—人力资源管理 Ⅳ . ①F272.92

中国版本图书馆 CIP 数据核字(2019)第 015337 号

新任 HR 高管如何从 0 到 1

黄渊明/著

出版发行：中国青年出版社

地　　址：北京市东四十二条 21 号

邮政编码：100708

责任编辑：刘稚清

封面制作：仙境

印　　刷：天津丰富彩艺印刷有限公司

开　　本：880 × 1230　1/32

印　　张：8.875

版　　次：2019 年 5 月北京第 1 版

印　　次：2019 年 5 月第 1 次印刷

书　　号：ISBN 978－7－5153－5492－7

定　　价：98.00 元

导读

　　本书以主人公林枫的经历为主线，介绍了他从世界 500 强企业进入一家创业型企业担任 HR 高管，在初始阶段，面对各种困难和挑战，通过自身努力、勇气和智慧，适应、融入新的环境，带领 HR 团队攻坚克难、锐意进取，为企业创造出显著的绩效，彰显人力资源作为战略业务伙伴对企业的重要价值贡献，同时也实现了自身职业华丽"转身"的故事。

　　本书以 HR 高管的视角，呈现给读者一幕幕真实、精彩的 HR 高管在人力资源管理一线的工作场景。

　　第一章主要介绍了 HR 高管进行职业转换的深层原因，以及职业转换应该考虑的若干因素，比如行业、企业、职位、城市等。其中，突出了 HR 高管与创始人价值观吻合的重要性。

　　第二章及第三章主要介绍了 HR 高管在上任前应该做好哪些准备工作，以及在上任后的第一个月里做什么最容易成功。最重要的是做好年度 HR 重点工作规划方案并与 CEO 对标。

　　第四章至第六章介绍了 HR 高管较易体现工作成效的两个领

域：一是企业文化建设与核心价值观宣传；二是激励机制建设。这两项工作都能很好地发挥价值观导向作用，而开展这两项工作的前提与基础是 HR 自身团队的建设，这方面做好了，HR 高管才有足够的能力与底气开展其他工作。

第七章及第八章介绍了 HR 高管在人才供应（招聘）、人才发展（培训赋能）方面如何"突围"，两者都是创业型企业的典型"痛点"——人才需求增长特别快，同时管理者的管理能力跟不上。所以，在招聘渠道上需要大力拓展，在招聘策略上需要更加灵活；在管理者赋能上，则要教会他们怎样带领"乌合之众"，并建立起新员工带教体系、新上任管理者转身体系，以及公司各级部门的核心团队会议运作机制等。

第九章至十一章介绍了创业型企业深层次问题的解决之道。比如沟通机制没有形成、漏洞百出——需要强化沟通意识及建立多方位的沟通机制；人力资源管理体系与机制建设一片空白，基本靠"人治"——需要打好 HR 基础工作的"基石"，形成组织资产，构建人力资源管理的"战略控制点"；人员快速增长造成"输血"后的"不良反应"，即人力效能降低——需要建立 HR "算账"机制，提升人效，从而促进经营效率的提升。

第十二章及十三章，主要介绍了 HR 高管与企业外部资源的交往之道，比如资本人（投资方）、业界 HR 同行等的交流，甚至一些业余组织（如茶话会等），从而提升 HR 高管的外部影响力。

第十四章至十六章介绍了 HR 高管的"心经"，包括如何形成"新型能力"、如何读懂 CEO 的"心"、如何修炼自身心志等。

本书不仅谈心得、经验，还谈战略性思维格局、专业方法与技能，融合了很多实战性极强的 HR 解决方案。本书素材均来源于笔者真实的工作经历，可以说是笔者呕心沥血之作，相信能够带给读者身临其境的阅读体验，带来崭新的思路启发，让人读来有入木三分、醍醐灌顶、拍案叫绝之感。

本书目标读者群为：新上任的 HR 高管（HRD、CHO、HRVP 等）、其他新上任的企业高管（如 CEO、COO、CFO、CTO 等）。

本书旨在帮助新上任 HR 高管在职业转换过程中成功起步，融入新环境，胜任新岗位，在新组织中产生明显的绩效贡献与价值，建立坚实的职业发展基础。相信本书对新上任的 HR 高管有着极强的参考意义，同时对于新上任的企业其他岗位高管亦有很强的借鉴意义。

笔者的其他作品：《把招聘做到极致》《HRBP 是这样炼成的之"菜鸟起飞"》《HRBP 是这样炼成的之中级修炼》《HRBP 高级修炼：世界 500 强人力资源总监实践笔记》。

序言

新上任 HR 高管如何 "华丽转身"

　　根据权威机构统计，新上任高管的转身期一般为 6 个月，转折点平均为 3.2 个月，3 个月也是高管对公司的价值创造起点。高管在转身期能否胜任新岗位工作，快速越过转折点，并产生价值贡献，对于高管能否在新组织中成功尤为重要。因为这个阶段，高管"硬着陆"导致职业转换失败的风险极高，很多人因为企业文化、对 CEO 的管理风格不适应导致身心疲惫，或者没有抓住工作重点、无有效绩效产出而导致 CEO 失去耐心，或者因为没有处理好高层关系、没有带好团队导致工作难以开展，或者面临挑战性的环境不能快速弥补自身能力差距而错失最好的改变期……失败的教训林林总总，就如一句话所说，"成功的经验是相似的，失败的教训各有各的不同"。

　　凡是能够在新组织里很好地打开局面，建立"安身立命"的基础，并获得 CEO、其他管理者及员工认可的 HR 高管，总有一些规律可循。笔者经历了这个过程，从成熟大企业进入创业型企业担任 HR 高管，开始时面临种种问题、困难，甚至阻碍，也遭遇过挫折，掉入一些"小坑"，但成功识别并绕过一些"大坑"，带领公司 HR 团队，从 0 到 1 为公司建立起较为完善的 HR 基础，并采取一系列有效的 HR 举措，促进企业经营发展，为业务战略的实现打下了坚实的基础，充分体现出 HR 高管及 HR 团队对业务的价值贡献，获得 CEO、同级、下属的一致认可，也为自身的职业发展打下有利的基础，成功地实现了职业的"华丽转身"。

同时，笔者看到所在公司的部分高管，以及行业内其他公司的 HR 高管因为未能成功逃脱新上任后"九败一胜"的"魔咒"，在新上任"蜜月期"过后随即进入"冷淡期"，失去了价值发挥的"黄金期"，导致上任后不久即"折戟沉沙"的惨痛教训，下决心根据自己的亲身经历，总结出 HR 高管成功融入新组织并发挥价值的若干经验、心得和教训，提炼出共性的规律，以供其他新上任 HR 高管参考，使他们能够成功地绕过新上任后的若干个"坑"，沿着正确的方向与路径，走对新上任后的关键几步，获得职业新征程的良好开端。

万事开头难，HR 高管只要打好开头的几场重要"战役"，打开局面，找到开启成功之门的钥匙，摸到"打胜仗"的"诀窍"，掌握如何在特定环境中成功的要诀，后续自然能够按牌理出牌，运筹帷幄、随心而御，打出一连串的"好牌"，并使好的"牌运"延续下去。即使遇到问题，也能够凭借自己的勇气、智慧与经验成功化解。

希望本书能助您一臂之力。

目录

十六、 心志的修炼

一、选择去创业型企业，
为了啥

1. 让沉闷的日子重新变得闪亮

林枫在世界 500 强 H 公司工作了八年，累计在 HR 领域已工作了十六年，眼看再过两三年就要步入"不惑之年"了，对职业如何持续发展的思考不断萦绕脑海，一种莫名的危机感挥之不去。

林枫在 H 公司已做到中层管理者的位置，管理着一个 HR 小团队，朝九晚六，每天的生活很有规律，基本不用加班，每天下班后就是陪伴家人、看书、锻炼身体。但是，他再也找不到那种有挑战的感觉了，工作中的激情似乎被"偷"走了，自身成长非常慢，感觉自己的能力在工作中只能发挥 20%～30%，他已经可以看到自己在 H 公司再工作三五年之后会是什么样子了。有时候，他好像能够看到这么一种景象，随着时光的流逝，他的天赋、才干、青春，都在自己的指尖不断地流逝……这是很可怕的事情。

林枫很想找回刚开始工作时那种富有激情的感觉，每一分每一秒，就像阳光打在树叶上，能够熠熠生辉……他觉得自己需要"走出去"了，迈出新的一步，做出新的尝试。他很想每天做一些新的、不一样的事情，让未来再多一些可能性。

林枫另一个考虑是年龄因素，再过几年他就要"奔四"了，过了40岁，在职场上的市场价值会明显下降，职业竞争力也会逐步降低，职业选择的机会必然越来越少，那时候，自己的处境会非常被动。同时，林枫也留意了一下外部的职业机会，他发现企业招聘 HRD 以上的职位，大部分都要求候选人年龄在 35 ~ 40 岁，过了 40 岁，基本上属于"靠边站"的群体了，只能作为"备胎"。所以，林枫认为，进行职业转型迫在眉睫、时不我待。

他越来越发现，在大企业，本质上就是做 KPI，你把自己的 KPI 做到极致，或者把上司的 KPI 做到极致，自然就会得到晋升。而这些 KPI，很多时候都是企业想让你做的，而非你自己想做的；自己真正想做的事情，只能被扔在"杂物间"里，直到落满灰尘，被逐渐忘却。在公司既定的流程下，组织的要求刚性地传递到自己的身上，自己就像机器一样，只能不断地被动执行，整天亦步亦趋，"戴着镣铐"跳舞，始终不能自由舒展并跳出属于自己的舞步。

H 公司大了，内部流程与人际关系也变得越来越复杂。林枫发现，大多数时间自己都在做着内部的沟通工作，组织内相互"踢皮球"，自己人折腾自己人，内部沟通成本越来越高。很多时候，自己做的方案提议，到最后却因为种种原因不能做下去。因为与领导的"导向"不一样，或者领导觉得这件事情排不上他的"日程表"，做什么事情都需要向上"对标"，不在高层领导关注范围内的事情就会被"枪毙"掉。

林枫感觉每天过得就像"温水煮青蛙"，有一种深深的无力感，慢慢陷入一种不想改变、不能改变的状态，一直"沉沦深陷"，只能等待公司有一天"宣判"自己的命运……这种失去自我掌控力的感觉，让一向成就导向很强的林枫难以忍受。身边三十多岁的同事逐渐形成一种"混日子"的心态，他们享受着既得利益，不想改变，也无力去改变，有的同事已经彻底失去了"走出去"的勇气。但林枫不一样，他是有自我追求、梦想的人，他不甘心，也不允许自己变得平庸。

当一成不变比行动更痛苦时，改变就悄然而至。

2. 选择合适的行业、企业、职位、城市

林枫决定走出去，看看"我的后半生"还能做出点什么。他是个行动力极强的人，一旦下定决心就马上接触外面的机会。接着，问题来了，什么样的机会才是适合自己的？

林枫接触了地产行业、金融行业，还有高科技行业，最后发现地产行业太浮躁，与自己所在的 H 公司严谨务实的企业文化差异太大；金融行业太复杂，里面的"水"很深，自己还是习惯在比较简单的环境中工作；高科技行业比较适合自己，但是最好在有研发团队的企业工作，这样的企业"底气"比较沉稳、比较扎实，管理群体与沟通对象相对单一，与自己原来的工作"场景"比较类似……这是由于 H 公司的文化"基因"对自己带来了深远影响。同时，要选择现在"风口"上的新兴领域，比如人工智能、大数据、云计算、机器人、物联网，等等。

令林枫颇费心思的是，继续去大企业还是去小企业。这时候有几家互联网行业巨头也向林枫抛出了"橄榄枝"，林枫有点动心，但最终还是拒绝了，因为去大企业，平台、职位都和 H 公司差不多，自己还不如留在 H 公司，所谓"做生不如做熟"。所以，林枫更倾向于让自己回归到创业状态，重新体验"从零开始"的

创业激情，于是他留意挑选创业型企业中的"独角兽"或"准独角兽"。

在职位方面，林枫确定了一定要做企业 HR"一把手"的思路，因为"一把手"才有绝对的话语权，按照林枫一位朋友的说法："只有做一把手，你的'施政纲领'才能够得到实施。"所以林枫只考虑 HRD（人力资源总监）、HRVP（人力资源副总裁）、CHO（首席人力资源官）这几个职位。

在工作地点（城市）的选择上，是最让人纠结的，有时候有合适的企业与职位，但城市不合适，而林枫所在的南方城市深圳，理想的职业机会并不多，反而是在其他城市有不少好机会，有一线城市，也有二线城市。经过深入思考，林枫决定只考虑一线城市（北京、上海、深圳、广州），因为城市决定了一个人的交往面、信息面、视野与格局，对后续职位发展起到重要的"锚定"作用。城市本身就是对职业的一种定位、一种"定价"。

由此，林枫总结出职业选择上的"先宏观、后微观"原则。也就是说，先选好城市、行业等宏观的维度，再考虑企业、职位等微观的维度，不要因为一家好的企业、一个好的职位选择不发达的城市、行业。因为前者只是一个点上的事情，而后者涉及面上的事情，面比点更重要、影响更长远。大平台就是一个面，你到了一个相对不利于你发展的竞争面上，后续职业发展会很被动。

林枫后来读了一本《跃迁：成为高手的技术》的书，读到里面的"头部效应"原则，才发现自己是在用"头部原则"选择下一份工作，就是选择头部的城市、头部的行业、行业中的头部企业、企业中的头部职位。

3. 熟人推荐的更靠谱

Y 公司的职业机会是林枫的一位朋友提出的，这种推荐关系，使林枫与 Y 公司 CEO 高德之间有了天然的信任。而且林枫的这位朋友很了解 Y 公司所在的行业，他给林枫分析，Y 公司的业务属于企业服务（To B）领域，是云计算在一个细分领域的应用，做的是大客户，市场门槛比较高，商业模式很有竞争优势，代表了未来的发展趋势。同时，有了这位朋友的介绍和"背书"，高德也比较容易接受与了解林枫，两人都有"靠谱"的感觉，因为彼此"知根知底"。在人才市场上有太多的"短期夫妻""始乱终弃"的情况，这层关系让彼此都多了一份心理契约，减少了双方"结合"的风险。

后来到了 Y 公司，林枫发现这个创业型企业的创始团队，包括高层及一些关键员工都是相互推荐过来的，有的是同学、校友，有的是前同事，也许这是创业型企业的一个特点。刚起步时没有人相信并加入这家从零开始、无品牌、无团队的公司，只有相识之人因为信任才愿意加入。

这种"熟人介绍"的特征，对高管职业转换来说是一种比较可靠、成功率更高的方式，因为是熟人推荐的，他们已经帮你鉴定过这个企业，而且一般是直接推荐给企业老板，多了一层高层的情感联系，会更加靠谱。还有一个好处是，如果双方有什么不方便沟通的，可以借助第三方（推荐人）进行沟通，化解在一些问题上双方直接沟通的矛盾，起到沟通"桥梁"与"润滑剂"的作用。

所以，熟人推荐是一种很好的创业型企业建立初始团队的方式，特别是创始核心团队、高管团队，有了这种情感联系，能够确保高层团队的信任和凝聚力。

4. 与创始人的价值观吻合最重要

林枫和高德沟通了好几次，每次都在 4 个小时以上，他们谈得很投机，把事情谈得很透。高德向林枫详细介绍了公司的发展历程、行业前景、业务模式、经营情况、投资人情况、内部人员情况等，这种全面、深入的介绍，让林枫有备受信任的感觉。

高德还向林枫详细地介绍了自己对 HRVP 这个岗位的期望，希望林枫能够帮助他把企业的人力资源管理基础工作做好。他提到目前企业里的不少问题，比如人才招聘的质量不高、缺乏合理的考核评价机制、在奖金分配上的"大锅饭"等，这些现象主要根源于管理者的管理能力薄弱，他们大多属于"高 P（Professional 专业）低 M（Management 专业）"的类型。他希望林枫能够改变公司这方面的现状。

同时，高德还向林枫传达了长远合作的期望，他希望林枫能够陪公司走下去，一直走到未来公司上市。他说了一句话让林枫非常感动："未来公司可能会发展得很好，也可能会出现波动，发展得不好，过程中也许不断有人离开，但是我希望你是坚持到倒数第二个离开的，最后一个当然是我。当前面的人都离开了，你还在那里，我是你最坚强的后盾。"

这句话，在男人之间听到，会感觉到一种"兄弟情义"，让林枫非常感动。高德说："我对你是百分之百的信任，所有信息都毫无保留地告诉你。"这种坦诚的"交心"，让林枫决定放弃手头所有的职业机会，就认定 Y 公司。更准确地说，他是因为一个人而来的。投资界常说一句话："投资就是投人。"而我们选择一家企业，其实就是选择人，选择和谁一起共事、一起奋斗，这是至关重要。也许，这就是"气味相投"吧，也就是阿里巴巴提到的"对上了味道"。

不得不相信，有时候人与人之间是靠眼缘的。有的人，你和他沟通就会特别顺畅、特别投机，或者说是气场很吻合，这其实是价值观上的吻合。高德想干一番大事业的企业家情怀深深地感动了林枫，因为林枫也想干一番事业，内在有一种燃烧的激情。就如高德对林枫讲过的一句话："我是用心去感受你是什么样的人，我感觉到你内在有一团火，想干一番事业的火，一直不曾熄灭，只待熊熊燃烧。"

有一次，高德和林枫提及，他选人是有"洁癖"的，这个"洁癖"其实就是价值观的选择，也就是选择和自己气味相投的人，和企业"气质"相吻合的人。

后来到 Y 公司入职后，林枫才发现他和 Y 公司在文化上也是无缝对接的，甚至感觉不到转换了一家公司。因为公司的 CEO 非常认可 H 公司的文化（强调客户第一与员工奋斗，是一种做事的文化，简单高效），甚至在学习 H 公司的文化，所以 Y 公司更像是初期的 H 公司，有着一种纯粹的创业激情。高德也非常认可 H 公司的员工，认为 H 公司的人员在价值观上是"根正苗红"的，这其实是一种深层次上的价值观认同。有了这层价值观认同的基础，在后续工作开展过程中，林枫比较容易和 CEO 达成一致，因为双方的"底层操作系统"是一致的。

人与人之间的价值观相互认同是非常重要的，在面试的时候，双方如果能识别出对方的价值观是否与企业匹配，基于这个基础做出是否合作的决策，成功概率比较高。其实，任何事情都有一个关键点，抓住它就可以解决90%的问题。在创业型企业，组建高层团队这件事情上，关键点就是彼此价值观要高度一致，每个团队都有它的气质，就像每个人都有自己的性格。味道对的人，第一天来上班就会让人感觉他已经来了很久；味道不对的人，总有一天要离开。企业的团队文化塑造工作，90%取决于面试的那几十分钟。

5. 流动可以带给人一种创造力

Y 公司总部在"魔都"——上海，这个城市有着太多的历史与文化沉淀，以致笼罩着一层神秘的面纱，林枫对这个城市有着天然的向往与憧憬。

林枫有过几年海外区域工作的经历，他比较喜欢在不同国家、不同城市间穿梭流动的感觉，这种流动似乎可以给人一种新鲜感，让你随着流动，对外界保持敏感性，让你在时空转移中，有一段沉静的时光。比如在旅途的飞机上、出租车上，你会想很多东西，脑子里会突然蹦出一些新的灵感，这就是流动带给人的创造力。相反，如果一直在一个城市，每天都是同样的路线上下班，因为过于熟悉环境，已经常态化了，你对外界的"触觉"是逐渐麻木掉的，这时你的创造力是处于压抑状态，而非激发状态的。

工作单位的转换是一种特别的流动，这种流动让人进入另一个崭新的工作环境与工作场景，迎接不同的工作挑战，更能激发人的潜能与创造力。人在一个岗位的最佳创造期一般是半年至一年，此后在这个岗位上的创造力会急剧下降。由于各种因素的影响，人不能只在一个单位待半年或一年就离开，所以内部岗位转换也是一种方式，未来的企业也许会流行这种短时间的轮岗，这对个人成长是有利的（所以轮岗的"管培生"是成长最快的），但这对组织不一定是最经济的，因为它需要员工在每一个岗位上都成为"熟手"，从而降低人才替换的成本，保持绩效产出的稳定性。

6. 找回原始纯粹的创业激情

林枫选择到创业型企业，其实就是想找回"初心"，那份最初的梦想、追求与激情。林枫能够想象回归到"初心"状态的自己，每一天都是闪亮的，即使每天加班到晚上十点多，甚至周末都要工作也无所谓，也不觉得累。因为这种状态会让自己的天赋、才华、能力尽情地释放与发挥，创造力被充分激发出来了。

和一群人一起，为了一个共同的目标奋斗，从中凝结出的友情、汗水是难忘而深刻的。所以，"初心"是很珍贵的，"初心"就是你能够回归到最初的状态。找到自己，找到最初的梦想，并为这个梦想而奋斗。

也许在刚大学毕业、进入职场的时候，我们有这种"初心"，但随着岁月的流逝、生活的稳定、现实的磨砺，"初心"逐步变小了、看不到了，但它并没有消失，它一直在那里，等着我们的召唤。只要你敢于迎接它、拥抱它，它就会跳出来拥抱你、推动你去成就一些事情。

林枫近期看了甄子丹主演的一部电影《大师兄》，林枫非常喜欢片尾的一段话：

胡适说："人生应该有梦，否则人生不是太不丰富了吗？现在我们都有理想，但出了社会便可能不同了，那时各奔前程、各种打击、各种现实的考虑，都可能使得你把崇高的理想收敛起来，这就是现实在考验我们的道德力，我们的理想性，我们对真、对善、对美的追求是否迫切，在世界上每一个角落都是如此，我们是否能撑得住就在这个关头，现在是考验我们的时候了。"

如林枫这样，"初心"不曾泯灭，到了一定时期，只要你想，就去唤醒自己的"初心"，并为之而奋斗，让自己的人生再燃烧一把，焕发出新的光华。

滴滴出行的总裁柳青曾说："不管在任何情况下，不管我们经历了多少艰难万险，我们一定要保持我们的年轻、我们的热血，以及热泪盈眶。"

二、融入工作，在入职前已开始

7. 提前做好定位与铺垫

在进入 Y 公司前，林枫一直在琢磨要以什么样的定位切入，才能够更好地融入新的环境，并逐步发挥影响力。高德也是煞费苦心，主动帮林枫想什么样的定位才是合适的。

后来，高德与林枫想到了两个词：专业、服务。

一方面，要充分体现出林枫的专业性，Y 公司的高管都是从顶级的高科技公司过来的，都很厉害，特别是在专业方面，林枫只有体现出自己也非常专业，才能够让他们信服。

另一方面，不仅专业，还有"服务"的心态，用比较低的姿态、比较好的态度与业务部门沟通，体现出你是来服务与支撑他们的，是给他们提供价值、带来利益的，这样他们就比较容易接纳你。

为了让林枫能够更好地适应公司文化，高德在入职前一直在和林枫说明公司的各种情况。他说："每天晚上九点半以后的时间，我都留给你，你可以给我打电话。"所以，每天晚上高德和林枫都会通话 30 分钟以上，让林枫提前了解公司情况，提出疑问并获得解答。能在入职前了解大量的公司信息，有助于快速融入公司。

　　从中可以看到，CEO 深度关注"搭班子"工作，直接去找人、吸引人，帮助新来的高管融入与"转身"，是高端人才愿意加盟并能够"转身"成功的关键。

　　林枫入职 Y 公司后，几乎走访了公司所有的中高层管理人员，倾听他们对人力资源管理的诉求，然后逐步规划年度人力资源重点工作方案。在这个过程中，林枫始终谨记"专业＋服务"的定位，各种行为均呈现出这个姿态与角色定位，以便能够在大家心目中形成最初的印象，这个最初的印象一旦形成，后面就会相对稳定。开始时，在各种开会场合，林枫一般不说话，而是花更多时间去倾听与了解，在关键时候才说几句，说的时候注意语言表达的高度、深度与简洁性，以体现自己的职业化、专业性。而与别人沟通时，他大多以倾听为主，只做一些引导性的提问与观点的简要陈述，态度平和、亲切、稳定，不带主观情绪……通过这些方式，他在公司内实现了"软着陆"。

8. 深度捆绑：报到前就介入工作

林枫还在办理原公司离职手续的过程中，高德已经安排了其未来的下属——HRD 佳倩，与林枫对接工作了。佳倩以开放的心态接纳林枫，体现出良好的服务态度、高效的执行力、顺畅的沟通方式，给林枫留下了好印象。她的职业化风格与超高的情商，进一步增强了林枫加盟的意愿，对未来团队合作的信心。

Y 公司甚至给林枫开通了公司邮箱，提前把公司及 HR 部门的相关材料发给林枫学习、了解。在有些进展中的关键工作上，佳倩也主动咨询与征求林枫的意见，这让林枫颇为意外，也深感高德对自己的信任与重视，因为这种方式在管理规范化的大公司是不可想象的。

这其实是一种很好的吸引高端人才，提前识别锁定高端人才的方式。这种方式后来也被林枫用在其他高端人才招聘的过程中，其实这就是创业型企业跟大公司不一样的地方。一般大公司是不会提前把公司的资料发给对方的，因为还没有真正成为自己的员工，候选人是有潜在的可能临时放弃报到入职的。Y 公司却能够突破常规，另辟蹊径，独创高端人才吸引的方式，人才还没有正式入职，却已经开始介入新的工作，这是一种新型的人才

"跨界"竞争的方式。

而林枫在与新的团队接触与沟通过程中，逐步了解团队的运作情况、团队中的每一个人，自己也逐步树立起在新团队的形象，提供专业的意见，让新的团队了解自己的风格。

9. 修改多遍的入职介绍

Y 公司有个习惯，新员工入职会有很隆重、很有仪式感的"入职介绍"，就是在入职当天把个人介绍和照片发到公司微信群里，接受全员"盛大"的欢迎仪式，感受公司热烈的气氛。同时，大家提前对新员工的背景情况有比较多的了解，便于后续沟通与工作对接。

对于高管的入职介绍，高德极为重视，往往要求高管提前准备好非常详细的介绍，不仅包括个人基本信息，高管之前每一份职业经历的职责、业绩，还有个人优势、性格特点、爱好与座右铭等，都需要写到入职介绍中。对于高管的入职介绍，高德亲自审核确认后才让人力资源部发到群里。

为了林枫的入职介绍，高德反复斟酌，给林枫提了不少修改意见，逐字逐句确保没有问题，还让林枫发给高德的一位朋友帮忙提出优化意见。从这样的过程可以看出，高德对于高管的融入工作非常用心，他会"手把手"把你领进门，慢慢把你托上去，帮助你做好在公司中的定位，并在公司建立起威信。这方面高德可以说是 CEO 亲自参与新高管融入工作的典范，体现了他对人才的重视。

创业型企业有很多可以灵活创新的地方，它可以突破很多边界，是大企业不能比拟的。林枫比较喜欢这一点，就是可以没有太多约束地推进一些"微创新"的东西，有的可能只是即时的灵感，但这种"所想即所得""所做即所得"的习惯，会激发创造力，会让人一直在成长、创造。

三、打好第一张牌，做好转身动作

10. 无缝衔接，登陆魔都

林枫在上一家公司工作到 1 月 2 日，当天晚上原部门为林枫开了欢送会，一直到晚上十点多才结束。第二天一早，林枫就飞往上海，并在中午前到新公司报到，可谓是无缝对接。

林枫第一天到魔都的时候气温只有两三度，从深圳的十多度一下降到接近零度，仿佛从秋天进入寒冬，双手有冰冻的感觉。魔都虽然冷，但空气很干爽，不像深圳的湿冷。林枫带了厚厚的衣服，所以还能抵御严寒，心里还有一些小兴奋。到了公司后，业务部门的高层给了一份"见面礼"，请林枫和一位高端候选人谈薪。林枫进入了工作状态，CEO 给林枫讲解公司的情况，下属向林枫汇报工作，沟通近期要处理的事情。当天，林枫就工作到晚上十一点多。这就是即战力，也是创业公司的特点。

林枫回到提前租好的小区已经是凌晨十二点多了，没想到中介公司没有提前把门禁卡给林枫，林枫在寒风中等待其他进出的住户才跟了进去，这样的情况持续了两天，他才拿到门禁卡。

每天加班后，在凛冽的寒风中，林枫独自一人走在静悄悄的路上回宿舍，有一种说不出的感觉。这就是自己选择的路，他不后悔，反而心里有点小激动、小兴奋，什么事情都会因为是自己主动选择而又意义。

　　1月月底，魔都下起大雪，是十年来最大的雪，也许是"瑞雪兆丰年"的征兆。开始时只是点点雪花，是这么温文尔雅，却又诗意连绵，让魔都突然有了巴黎的感觉；后来变成漫天飞雪，让整个城市银装素裹、白雪皑皑，四周出现很多漂亮的雪人，路面很滑，要小心翼翼采用"企鹅走法"。"十载江南无此雪"，这一场冰清玉洁、风花雪月的美景就像一个梦，林枫想，也许自己以后就有资本和朋友们讲："2018年，我在上海遇到一场很大的雪。"

11. 生活方式的 180 度转变

从第一天开始，林枫就进入了忘我的工作状态，忘了时间流逝，每天都有忙不完的事情在等着自己处理。每一天都过得特别快，中午都没有休息的时间，睡午觉都是一件奢侈的事情，因为根本休息不了；你在办公室里，经常有人来找你，会议室里也几乎没有安静的地方，因为即使在会议室，中午也经常有人进出和使用。所以，林枫慢慢养成了不午睡的习惯，但到了下午的时候就会特别困，怎么办呢？林枫习惯了喝咖啡，通过咖啡来提神，或者泡浓茶提神。

创业型企业的工作跟大公司不一样的是，大多数工作都是自己规划的，而不是别人给你规划的。另外，下属也在推着你走，因为下属都需要你进行决策。这是完全不一样的状态，这是一段没有终点的旅程，只能一直跑下去。

Y 公司管理层都很忙，工作日要召开高层会议太难了，因为负责市场的高管大多数都与客户在一起，或者忙各种各样的事情，所以公司开会只能选择在周末才能把大伙凑齐，公司级例会基本都安排在周六或周日。如果周末碰上开其他大会（比如战略大会）或其他专项活动（比如专场招聘会或团建活动），就有可能连续几个周末都不能休息，林枫在第一个月就没有完整休息过一天时间。

林枫以前所在的 H 公司，公司有食堂，每天吃食堂，非常方便，到 Y 公司后开始回归到"解放前"——吃外卖。林枫连续两个月都是点外卖的，因为根本没有时间走出办公室。后来他发觉这样对身体健康不好，于是试着走出去，到马路对面的餐馆吃饭，那里的选择比较多。开始时，他在每家餐馆轮着吃，后来就在一家类似大食堂的餐馆吃。

12. 先把高层关系建设好

林枫把比较多的时间花在与高层的沟通上，他深知，先把高层的关系建设好，形成战略性合作伙伴关系，对于后续开展工作非常重要。

林枫看过罗宾逊的《人力资源成为战略性业务伙伴》一书，里面特别提到 HR 高管与其他高层建立合作伙伴关系的重要性，因为 HR 是无法独立完成很多影响业务战略的事情，必须同其他高层建立稳固的合作关系。这种关系是战略性工作的基础，以便 HR 高管更深入地了解业务需求和员工面临的问题，制定匹配业务战略与业务管理者、员工需求的解决方案。

林枫深知，其他高层都是自己的业务伙伴，一定要和其他高层建立超越工作的伙伴关系。

自己要帮助 CEO 把高层团结好，建立信任，相互分享信息，要拧成一股绳，才能共同应对外部的市场环境带来的压力与风险。高层关系是否处理得好，决定了 HR 高管在企业能不能干好，能不能走得长远。林枫学会了真心接受其他高层，营造和其他高层在一起开心共事、开心交流的氛围，他敞开自己，真正和他们交心。如果高层交流只是纯粹为了工作，只是功利地做事情，效果并不好，那只是一种短期的效应，真正能长久合作的是相互信任，坦诚相见，打成一片。

创业型企业最重要的是信任，特别是高层间的相互信任很重要，要有兄弟般的情谊才行。林枫有意识地营造和其他高层的默契感，一种相互商量做事的氛围。在工作中需要彼此支持的事情，先在正式会议前点对点的"通气"，达成一致了再上会，有重要的事情大家商量着来，这种方式给大家的感觉比较好，感觉林枫比较尊重他们。虽然这种方式显得并不太职业化，但是很有效，不像在大企业，需要高层间彼此 PK 才能把事情搞定，而是在"谈笑间樯橹灰飞烟灭"，各种问题都在谈笑风生中得以解决。

开始时，林枫意识到其他高层在观察他，并试图建立和林枫的恰当关系。当然，大家都在摸林枫的底，看看林枫是以什么原则与方式处理事情。这个时候，确定好自己的管理原则，画好自己处理事情的"红线"非常重要。

林枫有这个意识，是因为在处理一件跨部门的事情上自己过于温和了，导致 HR 部门同事觉得自己部门过于"弱势"，于是私下提醒林枫：在一开始的时候，以什么样的立场与方式去沟通、处理事情很重要。因为其他高层都在看着你，都在"摸你的底"，看你处理事情的"界线"。所以，你要画好你的"红线"，让别人知道你的"界线"在哪里。这个"界线"画得好，以后你才能更好地做事；画得不好，以后就会很被动。

13. 第一件大事：做好年度重点工作规划

到 Y 公司后，林枫用 80% 的时间、精力做的第一件大事就是做好年度重点工作规划方案。为什么说这件事情是最重要的？因为这是在明确工作方向与思路，方向与思路定了，做事情才有目标、才有规矩；CEO 也才会相信你，知道你做的事情是在什么样的思路与框架下做的，你的重点工作是什么，你的抓手是什么，你工作的主线是什么，你的定位是什么……重点工作规划决定成败，决定他人对你的信任，决定你自己的信心，所以新入职HR 高管一定不能使时间与精力分散，先把这件极其重要的事情做好，才去开展其他要事。

所以林枫进入 Y 公司后，什么事情都没有做（是指比较大的事情），就是和各高层、员工沟通，充分收集信息、梳理思路，然后做出重点工作规划方案。当林枫把重点工作规划与高德对标的时候，高德非常认可与满意，认为林枫抓对了方向。在重点工作规划没有做出之前，高德其实不放心，经常向林枫交代或过问一些细小的事情，但沟通完重点工作规划后，高德很少过问与干预细节了。因为他相信，林枫抓对了方向，他所做的事情都是在这个大方向下落实与细化的。

两周以后，林枫组织了开年第一次干部大会，这次干部大会是林枫提出举办的，主要目的是统一干部的思想，让各位高管在会上讲本业务领域的年度重点工作规划。然后让干部们广泛讨论，除了重点工作外，还会重点讨论建立人才梯队的问题、管理者能力提升问题等。

干部大会参会人员包括所有的管理层和 Team Leader。在会上，林枫对 HR 重点工作规划做了详细的讲解，其中的重点工作"一张图"很好地体现了他的战略规划能力、专业能力，这个工作规划框架图主要回答了：今年 HR 团队的目标是什么？HR 团队要解决的 Top 痛点是什么？我们的工作主线是什么？我们的"作战领域"（抓手）有哪些？HR 团队应该以什么定位去工作？等等。

这次展示充分体现了林枫在短时间内对组织的理解、系统性的思考能力及专业性，让大家看到了组织不断向前发展的希望，并建立起信心。从大家的眼中，林枫看到了认可与信服，他心里的"大石"基本落地了，可以说是重点工作规划"一图定格局"。

对于新入职 HR 高管来说，工作规划的水平至少代表了他思维上的最高水平，思维水平再加上落地能力，就是 HR 高管取得成功的两大法宝。

在三个月后的战略大会上，林枫对组织的问题有了更深入的认识，他在大会上分享了自己对组织特性的理解。

问题一：我们是一个什么样的组织，我们组织的独特性是什么？

（1）快速变化：一个不断变化、快速试错的组织，我们的客户、竞争对手、投资者不断在发生变化，我们产品方向也不断在迭代、丰富化，组织过去的一年，甚至半年都不具备参考性，如何支撑快速变化组织的发展？

（2）快速增长：快速增长是常态，未来三年组织的经营增速、人数、估值都会急剧增长，我们将会如何应对，我们的组织能否承载，承载的上限是什么。从产品到产品线、产品集群，需要多少人，能承载多少人？如何在深刻理解业务的基础上，做好产品的规划、组合，并供应相应的人才，以保证质量、进度？

（3）资源有限：每个阶段资源都是极其有限的，包括钱（在不断消耗利润）、人（有钱也不一定能补得进来）、时间（有时间窗口）。我们的主要目标是成为世界 500 强企业，这是极其有限的客户资源，一个坑占到了就占到了，失去了就失去了。

问题二：我们的业务怎么布局，在哪里布局？

（1）研发往中部迁移？哪部分迁移，怎么迁移？

（2）业务拓展到中部、西部、东北？

问题三：我们的组织需要什么特性？

（1）组织的"耐受性"要高，在高速公路上换轮胎。

（2）在大方向正确的情况下，快速试错、迭代与调整。

问题四：HR 如何呈现价值，让 CEO 与业务部门尊重？

这个问题，林枫用了更加通俗易懂的语言来表达：人才供应、人才发展、人才激励。他认为，目前阶段，HR 应聚焦帮助业务解决人才问题，而这三方面作为人才管理的三大核心价值领域，必须重点突破。

14. 突破"服务"角色，增加"赋能"与"监控"职能

根据林枫的观察，开始的时候，自己以服务的身份介入没有问题，但是时间长了，如果只有服务的职能定位，HR 工作会很被动，缺失了主动性价值贡献，变成被业务部门牵着走的角色，HR 的地位越来越低。而且业务部门提出的"服务"需求也不是都合理、有必要的，需要进行筛选，根据组织需要有针对性地进行满足。

那么，HR 怎样增加主动价值贡献呢？林枫认为要通过"赋能"的角色来做，因为他发现公司管理者的管理水平与能力比较弱，加上新员工进来比较多而快，组织的团队管理能力与新员工带教能力成为瓶颈，给管理者进行赋能成为极为重要而紧迫的工作。所以，HR 团队需要具备对管理者进行赋能的意识、能力与方法。同时，员工也是需要赋能的，新员工的环境适应、文化融入，以及职业化水平、工作通用能力的提升，都需要 HR 深度的介入与辅导。

另外，HR 应该还有监控的"职能"，也就是要建立组织中员工行为的"边界"与"红线"。比如劳动纪律管理、信息安全，

以及不能贪污腐败、不能拉帮结派等"高压线"管控。林枫入职之后，就曾发现过类似的一些超越"红线"行为并通报批评，如违反《竞业限制与保密协议》、员工上班代打卡等不良行为。

15. 支撑一线作战，并建设好基础设施

经过一个季度后，林枫对 HR 团队的工作目标更为聚焦，就是全力支撑一线作战，给他们提供好粮草和弹药，这包括四个方面：

（1）如何帮助各部门快速补充人才？

（2）如何帮助各部门提升团队能力？

（3）如何激励员工往前冲？

（4）如何让员工"轻快"地工作？

另外，他提出支撑一线作战应该只占 70% ~ 80% 的工作量。除此之外，还需要增加 HR 基础设施建设的能力，也就是 HR 基础工作的建设。林枫罗列了五大基础工程：职位序列、薪酬框架、素质模型建设（含公司通用素质模型、职类素质模型、管理者素质模型）、岗位说明书（含岗位胜任能力）、HR 基础流程建设（含人才供应、人才发展、人才激励、HR 运营四个部分）。

为什么要特别提出 HR 基础设施建设，是因为"支撑一线作战"很多是服务性工作，是单个事件、单个项目，是"点"和"线"上的事情，还需要一些"面"上，甚至"体"上的事情，

需要构建如"水利工程"类的基础设施。这些基础设施一旦做好了，就会自行运转，不依赖人力，是对企业永久有利的事情，形成"战略控制点"。

林枫看了电影《红海行动》，影片中的一个场景给他留下了深刻的印象。中国特种部队在到达战斗区域时，队长下达的第一个命令就是："一组，先建立好防守线！狙击手，先占领制高点!"——战斗前建立好防守线、占领制高点，其实就是战略控制点，这种布局才是正确的战略意识与战略行为。

16. 构建公司会议运作机制，
用机制的力量去成功

林枫发现公司缺少正规的会议沟通决策机制，没有一些委员会类的组织，也没有例行的会议机制去管理比较重要的公司级事项，包括这些重要事项的讨论、决策。

于是林枫组织了4个公司层面的会议：

（1）战略会议：每半年一次，主要是讨论影响公司方向的战略性事项，比如年度及半年度重点工作、投融资、分支机构设立、并购等。

（2）业务分析会：双周召开，主要是对当前业务进展状况进行分析、讨论与决策，落地重要举措，分为市场分析会、研发分析会。

（3）人力盘点会：月度召开，对人力资源相关的事项进行分析、讨论与决策，比如新的人力资源政策或举措、员工绩效评议、干部任命评议、调薪决策等。

（4）财务数据分析会：月度召开，主要从财务数据分析的维度，发现问题，总结规律，看如何通过财务之手的牵引，提升公司经营水平。

以上会议基本涵盖了公司级的主要业务，对这些会议进行规范化的会议管理，比如会议通知、材料准备、会议纪要、遗留事项跟踪、会议效果评估等。通过例行的会议机制，确保公司各项重要工作都能够及时地讨论与决策，信息得以共享与发布。

以上公司级的讨论决策会，有利于打破权威、分散决策。因为过多地树立权威，对团队的伤害是很大的，它会让团队成员放弃独立思考的能力，放弃自己的责任，他们会说："因为当时CEO 说要……所以我们才失败了。其实如果那样，我们就不会输了。"如果企业能让权力分配更均衡，让更多的中高层管理者参与决策，不但不会给组织带来多少损失，而且会带来极大的收益。另外，高层尽量授权下去，信任你的下属比你更加专业，他们的信息比你更全面和及时；最关键的是，你只有给了他们权力，他们才愿意承担责任。

在入职三个月后，林枫就组织了第一次战略会议。在会议上，高层针对目前组织转型变革中遇到的矛盾、问题进行了深入分析，并站在每个员工、各级管理者的角度实实在在地讨论，并倾听大家给公司提出的有建设性的问题和意见，把公司改革措施切实落到实处。在会上，高德说："越是忠言越是逆耳，大家都需要深入一线去听一听战士们的声音，要深入一线去解决战士们最痛苦、最要命的问题，要深入一线去改善客户最关切的问题。"

最不可阻挡的成功，就是用习惯、用机制去成功。公司的会议机制，就是确保公司稳定地走向成功之路。

四、文化建设：随风潜入夜，润物细无声

17. 年会的"高层服务"与价值观颁奖

林枫刚到公司不到一个月，就要组织召开公司年会，由于近期新来了几个高管，一方面需要建立高管的形象；另一方面需要借助这个机会宣传公司的企业文化与核心价值观。林枫和高德沟通后，提出了两个活动"亮点"：一是高管在年会开始前为员工服务，为员工发放点心与水果、饮料等；二是进行价值观专项颁奖，对公司每一项价值观（共五项）都选取一些价值观履行方面的优秀员工进行颁奖，并营造仪式感。

为了形成为一线服务、支撑一线作战的文化，使整个公司"全营一杆枪"，后台、中台要支撑前台。所以公司的高层团队都系上围裙，一字排开，在年会现场门口给大家提供水果、点心和饮料的服务工作，让每一个员工都享受到这种服务，感受到高层为大家服务的决心，提倡服务文化。

年会之后，林枫马上在团队内组织讨论，形成了一个复盘评估报告，并要求大家在完成每一个小项目之后都要这么做，这样就可以让大家养成"时时有总结"的习惯。每次事情结束之后，都打一个小结，小结打得多了，就变成一张大网，这对于工作提升非常有好处。高德也很赞赏林枫的这个做法，因为他也强调总结与迭代，让别人知道你的工作是不断在前进、不断在优化提升的，这是有智慧、有策略做事的体现。

这次年会，林枫和 HR 团队最深的体验就是如何根据公司的导向，设计有仪式感的活动，而且这些活动要让员工感到被尊重、被重视、被关怀、有荣誉感。一件事情普普通通地做了，跟"大张旗鼓"地营造出仪式感，员工的心理感受大相径庭。所以，要尽可能通过"仪式"带给员工心理的"冲击感"。

18. 变"高层生日会"为"员工生日会"

林枫发现公司只有高层的生日会，他觉得这样非常不妥，不仅没有正面作用，还有负面作用。因为员工会感到不公平，这会影响到员工对公司的满意度，对组织氛围也有消极的影响，所以他决定取消高层的生日会，变成员工的生日会。

但如果只是普通的"员工生日会"，效果也不好，很多事情做了，但是平铺直叙，是没有什么效果的，要把强度做出来，通过"仪式感"传达出来。

林枫和 HR 团队经过讨论，丰富了生日会的功能。一是让新员工做自我介绍，让他们找到归属感、融入感；二是对工作满一周年的员工（创业型企业成立时间比较短），给他们发放荣誉徽章和奖状，让他们感受到团队荣誉感；三是进行内部培训讲师的奖励，授课达到一定课时的讲师都可以得到奖励，发放贺卡和小礼物，让其付出得到认可感。

后来，林枫把对"仪式感"的应用进一步发扬光大，比如公司三周年庆典时，给每一位员工定做了很大气的公司文化衫，还请团建公司组织了非常有意思的团建活动，气势恢宏，并动用了"航拍"。让每一位工作年限超过三年的老员工上台分享，给他们发放足金金币，并搞了富有特色的公园"野餐"，深化了文化价值观宣传，使员工获得深刻的身份认同感。

所以，无论做什么事情，林枫都在想能不能让事情更有冲击力、更有新鲜感，让员工的心理感受更深一些，甚至留下一些可以怀念的东西。

19. 企业文化"挂上墙"，建立特色文化

创业型企业由于大量人员从外部"涌入"，本来没有建设或者建设了但还没有落地的企业文化会被迅速稀释，要注意在几个方面加强：一是加强企业文化的净化功能，就是"筛掉"一些别的文化中的"杂质"，让文化更纯粹一些；二是加强文化的落地功能，让文化可以"看得见摸得着"。所以林枫提出企业文化需要"入眼、入耳、入心、入行"。

具体实施上，林枫一方面把 Y 企业"客户第一，奋斗为本"的文化，进一步诠释成一些生动形象的文字和图片，结合前后端不同部门的特点做成标语，张贴在办公室各处的墙上，让企业文化先"入眼"。比如市场部门的"与客户同心，其利可断金"，研发部门的"质量是我们坚守的生命线""我们对质量的敬畏，造就了客户的无畏"等。

林枫还把核心价值观做成公司"吉祥物"主题系列、公司"卡通人物"主题系列、公司"优秀员工"主题系列，非常生动及互联网化地表达了这些核心价值观。

在公司的会议上，林枫也会组织管理层讨论价值观的问题，近期公司有哪些行为体现了价值观；如何通过帮助客户解决问

题、给客户提供价值，体现公司的核心价值观等；有哪些主管、员工有比较好的价值观表现……通过把价值观的认识放到桌面上来讨论，才能越辩越明，这就是企业文化的"入耳"。

为了让企业文化更好的落地——"入心，入行"，林枫还组织了企业文化行为标准的细化，把每一条核心价值观都进行了定义，并把每一条核心价值观细化为5条行为标准，总共25条行为标准，这些行为标准采用"场景＋行动＋结果"的方式来表达，即在什么样的情境下，有什么样的行为，产生了什么结果；每季度对员工是否"展现"出这些行为表现进行评分，根据不同的得分区域分为"A－非常符合、B－基本符合、C－有待改进"三个等级，不仅会有一个综合评分等级，5条核心价值观都有单项评分等级，以便让员工了解自己在哪条核心价值观的行为表现上有差距，牵引员工进行针对性的改进。

就如前文提到的，在公司年会上，对公司每一项价值观（共五项），都选取一些在价值观行为方面做得比较优秀的员工进行颁奖，并加强宣传"曝光"，把这些得奖员工的照片配上他们的事迹，加上他们的"语录"，做成海报进行宣传，取得了很好的宣传与激励效果。其他员工也有意识地模仿这些价值观优秀员工的行为。打造正确的文化价值观，让全员都有相同的价值观行为，这是企业基业长青和永续经营的基础。

通俗地讲，企业要营造一种"图书馆文化"，就是来图书馆的人都是想读书的，来到了图书馆就不好意思喧哗，都会安静地读书，形成潜移默化的读书环境与氛围，价值观就起了潜移默化的作用。企业不能营造"菜市场文化"，就是喧哗吵闹，各说各的话，各有各的诉求，无法统一言语行为。

20. 年前年后的礼物与问候，HR 要先想到

快过春节了，林枫以往在 H 公司是没有什么福利表示的（因为高工资和高奖金已经弥补了这些小小的福利），所以林枫也没怎么上心。没想到高德主动提醒林枫了，说考虑一下给节前最后一天上班，以及节后第一天上班的同事发个红包或者礼物。

这让林枫有点汗颜，觉得自己没做到位，竟然让 CEO 来提醒自己。由此他得出三点心得：

一是每个公司在不同场景之下的激励政策是不一样的，一定要因时因地制宜，要参照同等规模、同样类型公司的做法，而不仅仅是大公司的做法，在大公司不需要考虑的事情，在小公司却要想到位、做到位。

二是 HR 高管要事先提前想到这些细节，而不是等 CEO 想到了来问你或告诉你。HR 高管应该主动给 CEO 出题，而且是选择题，而不是主观题。

三是激励要符合公司核心价值观的导向，比如给额外付出的人额外的激励。

林枫经过和佳倩讨论，且征求了部分员工的意见，确定给春

节前最后一天工作的同事送一些实用的东西（睡枕或充电宝），而春节后第一天上班发红包，由所有高管一起给员工发放，亲切关怀、慰问员工，提振士气。

21. 通过做事情把价值观带起来、管起来

　　Y 公司的高层基本都有一个特点，就是经常强调公司的核心价值观。在与员工的沟通中，甚至在部门会议中，把部门工作中出现的问题、没有做到位的地方，都归因于价值观的问题，然后经常考察员工的价值观。即使这样反复强调，似乎也没有效果，问题并没有得到改善，反而有些员工很"受伤"，去找部门 HRBP 倾诉，甚至有员工因此提出离职。我们的价值观教育失效了吗？

　　林枫访谈了一些员工及主管，经过深入分析，发现了症结所在。很多时候，业务主管在不断强调一些主观的东西，比如工作态度、价值观、责任，但是这些东西虚无缥缈，难以找到"抓手"，很难落地。业务主管说完了，员工也不知道怎么做，因为价值观缺少了一个"载体"、一个"抓手"。

　　大家对核心价值观的评判标准不一样。比如业务主管认为某员工的价值观只有 3~4 分（总分 10 分），但员工认为自己应该是 7~8 分，双方的立场、标准不一样，很难统一。两者不在同一平面上对话，很容易有认知上的差异。这种差异会引发冲突，因为每个人都会高估自己的价值观，认为自己的价值观是没有问题的。相反，每个人都会低估其他人的价值观，认为他人的价值

观应该进一步提升。

林枫认为，与其这样，还不如直接谈事情、管事情，因为事情是可见的，有具体过程与结果，而且大家的标准基本不会差异太大，并且可以马上应用于实际。我们都是去谈事情、管事情的，把事情的过程与结果都管好了，其实价值观也自然体现出来了，因为做好事情就是价值观最好的体现方式。所以，业务主管要通过管好事情，把价值观带起来，而且管好事情还有一个好处，就是能力也提升了。

价值观不要总说，说多了就会变味，员工就会有"免疫力"。最好的方式，就是主管以身作则，这才是价值观宣传的最好方式，你自己做到了，即使不说，员工也会模仿与跟随的。

要把对事情的要求和管理做到极致，把对态度的评价与干预降到最低。让员工在客观、公平、简单的环境中，高效快乐的做事，不在无谓的主观伤害中耗费资源成本。管态度就像抓泥鳅，总抓不住，要抓就抓事情，才能找到"抓手"；在和员工沟通时，要像切猪肉一样，把肥肉（态度）切出来、撇开，留下精瘦肉（事情），谈事情，抓事情，一定会取得很好的效果。

22. 从抓好高层、元老的纪律性做起

Y 公司发展初期，由于采取弹性工作制，比较自由，所以在考勤方面比较随意。有些高层的纪律性也不好，早上十点多甚至接近中午才到公司；有的甚至不来公司也不知会任何人，导致其他人有事求助却找不到人，微信、电话等都联系不上，只能相互打听，给相关部门和同事造成负面影响。

看到这种情况，林枫很是忧心，纪律性是会由上而下传递的，上梁不正下梁歪。一个公司运转得好不好，从两个小细节就可以看出来：一是考勤；二是会议。这里就体现了公司的纪律性、组织的运行效率、员工的执行力。

林枫决定就从考勤抓起，提高公司的纪律性与执行力。那么，从何处抓起？

林枫认为要从高层抓起，但怎样抓，需要讲究方法。如果只是 HR 高管自己去找考勤不正常的其他高管沟通，效果是不好的，他不会因为你和他沟通了，就改变工作习惯。而且 HR 高管和其他高管是平级，沟通个人考勤事宜是比较敏感的，可能会让对方产生误解。

林枫想到一个办法，可以通过机制来解决。一是建立考勤管

理机制，明确上下班时间并规范打卡，当大家都这么做了，高管自然也没有办法拒绝；二是通过绩效管理，就是让每个高管知道需要做什么重点工作，每个阶段要完成什么，有工作的紧张感。因为最怕的是个别高管在公司坐班，但工作量不饱满，只是形式上的满足，导向也不好。

于是林枫草拟了考勤管理规则，在内部征求意见，并在公司管理层会议上讨论和优化，然后发布实施。一开始实施，考勤懒散的情况有很大改观，早上准点上班的人数由 10% 提升到 80%，以及后来 95% 以上，包括所有的高管（有一位高管以前考勤比较松散，这时反而成为考勤率最好的标杆），整个公司的工作氛围焕然一新。

通过公司管理规则的明确与公平执行，可以改变行为，而大多数员工的行为改变了，就改变了整个公司的组织氛围。

在绩效管理方面，林枫和高德沟通，对高管进行季度考核，并把年度奖金的一部分变成季度奖金。有部分高管提出，对于高层岗位应该年度或半年度考核，但林枫认为，在目前公司高管基本没有绩效意识的情况下，如果只是半年度或年度考核，大家根本不会在意，甚至会完全忘掉绩效考核这件事情，不能起到好的牵引作用；而通过季度考核，甚至一年周期的季度考核，可以在初始阶段逐步加强高层的绩效意识，养成定期建立绩效目标、开展绩效考核、绩效沟通与应用的习惯；后续如果绩效管理的意识、能力比较强了，再逐步转为半年度或年度绩效考核。

在征得 CEO 同意的情况下，林枫雷厉风行地开展了高管的绩效考核工作，包括季度绩效目标的提交与沟通、季度绩效考核（请 CEO 切实给出绩效考核结果与绩效评价意见）、绩效沟通、绩效结果公示等……这些工作开展起来，让高管觉得公司是动真格的，都紧张起来了，对绩效管理倍加重视；而高管对绩效管理的重视，进而影响到中基层员工。

23. 通过典型事例画好"红线"与"界线"

公司内人员素质参差不齐，什么事情都有可能发生，不乏违纪违规的事情，比如有骨干员工"跳槽"到竞争对手的企业并违反竞业限制协议、保密协议的情况，也有在洗手间抽烟等不文明的现象，更有在考勤方面请人代打卡这类违反诚信的行为。

林枫认为，公司管理是很复杂的系统，不能仅有正面激励，还要有负面激励，要画好组织的"红线"，让员工明确知道组织内行为的"界线"在什么地方。企业文化与价值观是弘扬人性善的一面，而制度是遏制人性中恶的一面。因此，必须在制度层面建立行为规范与准则，明确员工哪些事情是可以做的，哪些行为是会得到组织认可的，哪些事情是不能做的，做了会受到组织惩罚的，在新员工入职时就向他们说清楚、讲明白这些行为准则。

如果发生了逾越"红线"的行为，林枫的做法是必须"严惩"不手软，要"杀一儆百，以儆效尤"。比如对于在洗手间吸烟的情况，进行全员通报批评，价值观评为 C，并按照《公共场所控制吸烟条例》做相应处罚。采取这些严格的措施，对于不良的违规、违纪行为起到较好的警示与遏制作用。

Y 公司发生过关键岗位的管理者跳槽到直接竞争公司，并且不断打电话骚扰和企图猎挖原公司的员工。林枫组织高层一起讨论处理方式，决定采取如下措施：

（1）保护好现有员工，各团队内部逐个排查、识别与沟通，分析员工是否会被影响。梳理公司人力资源政策宣传材料，包括公司的员工职业发展路径、激励政策、员工福利等，给员工做全方位的解读，做好员工保留工作。同时，加强团建工作，增强内部凝聚力。

（2）保持与离职管理者接触沟通，从情感关系上规劝，请对方节制，希望对方不要做出损害原公司利益的事情。

（3）收集证据，以备反击。收集该管理者违反竞业限制协议与保密协议的证据，关键时刻能够保护公司的利益不受损害。

（4）完善公司管理流程与规则。对于违反竞业限制协议、保密协议的情况，公司设立了"黑名单"；对于缺乏职业道德、违反相关协议的员工，将被加入"黑名单"永不录用，并通报同行相关企业。

同时，完善离职流程，离职员工会被提醒遵守相关协议并签字确认，让他们意识到自己的责任与义务。

在以前的公司，林枫的工作更多是跟"好人"（即品格比较好的人）打交道，后来发现在创业型企业，人才的品质良莠不齐，会碰到一些品格有问题的人，需要处理一些棘手的事情；自己要学会跟"坏人"（品格有问题的人）打交道，跟"坏人"打交道的方式与跟"好人"打交道的方式是不一样的，需要更加强硬，甚至用一些非常规的手段，给对方相应的威慑力等。

24. 把凝聚人心作为企业经营的第一要务

随着公司的人员规模越来越壮大，已经 700 多人，不久将逼近千人大关，人心似乎越来越"散"，队伍越来越不好带。林枫越来越意识到，对于创业型企业，最重要的是心齐，而非人多，不能因为人多了而牺牲人心的凝聚力，这样企业将难以为继。

因此，林枫提出要把同事之间心心相连的密切关系作为公司经营的基础，员工彼此间怀着感激和诚意，在互相信赖的基础上开展工作。即使是上下级，只要有信赖关系做基础，相互间就可以坦诚交流，说出真实的想法。这样一来，很多问题就会一目了然，工作就会顺利开展。构筑这样的信赖关系，需要在平时不断努力，把大家的心紧密地联系起来。

要感召他人，自己要首先做到。林枫要求自己先真心接受这个新的团队（主要是中高层团队），包容与接纳他们，然后才能影响与引领他们。要真心诚意地接纳他们，能沉下去和他们打成一片，才能让他们真心接纳自己，才能带领他们去"打好仗"。

林枫认为，企业虽然是由创始人或创业团队建立的，但是，让企业延续的力量却是来自企业内部每位员工的心。这个心就是向心力，是每位员工付出的心力。因此，创业型企业最重要的是企业内部要精诚团结。创业团队必须清楚，企业组成的元素是"资源（资金）、产品技术及员工（员工的心）"。这三个元素中，最重要的是员工的心，能否赢得员工的心，决定企业发展的好与坏。因为没有了稳固的企业人力磐石，企业想要发展到高层次是非常困难的。

如果把企业经营当成一个系统，那么企业的人就是这一系统的"软件"——系统要想正常运转，除了需要硬件，还需要有配套的软件。而要让全体员工真正成为一个稳定且具备强大运作能力的软件，就必须做好以下两点：

首先，让企业员工具有"人人都是经营者"的意识。企业应想方设法让员工清楚了解企业的经营目标、愿景。

其次，每位员工都要具备利他心。企业要让员工具备这样的意识：在完成自己的工作后，要主动协助同事，让企业内部形成协同作业、众志成城的氛围，使同事间能够相互影响、彼此信赖、互相帮助、共同进步。

为了凝聚人心，林枫一方面通过 CT（Core Team，核心团队）会议运作机制加强中高层管理者的向心力；另一方面通过公司的公众号、专刊及时传递公司的最新信息，作为与员工进行信息沟通的渠道。同时，林枫与 CEO 沟通，要求高管们定期与各部门沟通座谈，而且给各个团队划拨了团建经费，鼓励各个团队内部及跨团队开展员工活动。

这些措施都取得了比较好的效果，特别是企业专刊成了公司内外部的信息连接纽带与展示窗口，发挥了积极的作用：

- 作为公司正式的官方介绍期刊，用于新员工入职、拜访客户、外部接待的介绍材料。

- 展示公司最新动态，如融资并购、大客户拓展等，对内提振士气，对外增强客户信心。

- 刊登公司价值观故事及管理层访谈，成为企业文化、核心价值观的宣传阵地。
- 宣传外部媒体对公司正面的报道等。

五、建立激励导向，
强度要出来

25. 推行全员绩效目标，统一管理语言

为了营造"全员一杆枪"的氛围，林枫在公司内推行全员绩效目标。他先是制定了绩效管理方案，并在与各业务部门主管沟通的基础上，对不同事业部采取不同的绩效考核方式并设计了差异化的绩效目标模板（如营销部门采用"KPI + 重点工作"的方式，而研发部门则是 OKR 的方式）。林枫还组织制作了一份详细的绩效管理主题赋能材料，HRVP 林枫及 HRD 佳倩作为讲师，对主管及员工分别进行深入浅出的讲解，取得了很好的效果。

在赋能过程中，林枫举了一个例子说明设定绩效目标的作用。"就像是一个人出门，出门时都不知道要去哪里，只是走到哪算哪。这就像我们以前没有设定绩效目标的情形，我们每天被动地被眼前的事情推着走，然后不知不觉中偏离了方向，这是很要命的。所以，我们必须进行绩效目标的设定，贯彻全员绩效目标，就是让大家知道工作的方向及到达目的地之最佳路径。"

为了起到标杆带头作用，林枫组织 HR 团队先把 HR 部门自身的绩效目标设定好，并逐个与员工进行沟通并签字，然后发布内部公示邮件。该公示邮件同时发给了其他部门的主管，让其他部门看到一个标杆，学习参考如何去做绩效目标，并在一定程度

上监督 HR 部门的工作，或者给 HR 部门提出建议。

通过这种方式，林枫在公司内形成一种绩效管理的文化；而通过绩效管理，公司内形成了统一的管理语言。有了统一的管理语言，很容易进行人员的评价、激励——绩效管理其实是简化管理的重要方式。

林枫发现不少部门与员工在做绩效目标时，缺少方法论支撑，还是以定性的方式去设定。为了提升绩效目标的客观性、可衡量性，林枫进一步提出"无量化，不目标"的概念。无论是 KPI 还是重点工作、工作任务，都要求有量化的一些描述，明确说明在什么时间，完成多少工作量，或者完成哪几项关键动作，从时间、质量、效率、成本等方面进行界定。

当然，根本是要建立信任驱动而非 KPI 驱动的文化。林枫认为，如果你想让员工把工作当作自己的事情来做，就要管理他的工作目标而非工作过程。如果你只给员工 KPI，就只能收获 KPI 的结果。所以，在具体操作的时候，要专注于绩效"目标"而非绩效"指标"。

林枫有意识地引导管理者建立这样的意识，即绩效管理本质就是激励，做到恰当的激励，管理的效果自然事半功倍。管理者可以切身地体会到，绩效管理的核心就是人和事，最终目标是通过人（即员工），把事（即工作目标）圆满完成。在这个过程中，最大限度地发挥员工的主动性和创造性，同时发展员工的能力与优势，把事做成。

所以，绩效管理要取得的最佳效果，就是设定有挑战性的目标和期望，在达成目标的过程中辅导员工，激发员工的潜力，发展员工的能力，提升员工的敬业度，多快好省地完成公司的战略目标。

　　林枫还牵头深度参与了第一个部门试点，就是公司营销部门设计绩效考核与激励方案，里面涉及大量的业务知识。林枫其实对业务比较陌生，但他觉得这是一个很好的学习业务的机会，所以主动承担下来了。

　　林枫组织业务部门主管一起讨论方案，充分发挥自己的影响力，不断地完善方案。同时，林枫也在这种碰撞中懂得了很多业务知识，比如产品的结构、毛利情况，以及业务团队的结构与运作等。这个方案虽然是一个硬骨头，但林枫最终还是把它啃下来了，方案经多次修改，终于通过红头文件发布出来了，在年初就起到很好的绩效导向作用。通过这个过程，林枫与业务部门有了充分的沟通互动，并得到了他们的认可与支持。

26. 运用"巧实力"，推动高管元老制定绩效目标

林枫在让公司高管元老们做绩效目标时，遇到了一些阻碍。一些元老对此不理不睬，当面沟通、打电话、发微信、发邮件，都不做任何响应，这让刚开始推行绩效目标的林枫很尴尬。因为高层是表率，他们的绩效目标做好了，才能往下分解；他们不做，下面的人就会效仿。

怎么办？林枫想了一个办法，就是安排高层在公司的经营例会上集体评审各自的绩效目标，而且在会议议程里安排好这个环节，通过会议通知发出去，这样高管们只能硬着头皮提前准备，毕竟要让他们走上台去讲，不准备不行，因为所有的高层都在看着，而且CEO也在现场。这样，林枫利用组织的力量，解决了高层元老设定绩效目标的事情。

林枫在管理层会议，以及绩效管理的主题培训上，反复强调绩效的重要性，提升大家的绩效意识。以下是他经常引用的话：

- 企业要的是结果，而不是过程。

- 在企业中，员工不管多么辛苦、忙碌，如果缺乏效率，没有做出业绩，那么一切辛苦皆是白费，一切付出均没有价值。

- 我们坚持以绩效的获取和提升作为管理的出发点，以绩效水平作为衡量管理工作有效性的依据。

- 工作价值和市场价值决定着员工的分配基准，绩效水平决定着员工的实际获得。

- 我们追求正果。出正果就是我们的工作要富有成效，做任何事都要追求一个好的结果。我们反对只说不做，同时我们也反对做而无效。只有持之以恒地付出，不折不扣地努力，才能得到理想的回报。

- 企业对员工价值认可的程度，取决于员工为企业创造多少价值。

后来，林枫还推动了新上任的高层管理者试用期转正的述职，以及所有高层管理者的年终述职。在述职时，管理者需用结果回答三个问题：

- 我如何为客户创造价值（解决问题）？

- 我如何持续提升组织效率？

- 我如何帮助员工成长？

通过对这几个问题的回答，可以考察出管理者是否为公司的经营成功创造价值，是否为组织绩效做出贡献。

27. 年终奖发给谁，怎么发

林枫到上海的时候刚好是农历年前，马上要确定年终奖发放方案了。林枫了解之前的年终奖都是发给全员，而且基本是按同等的工资倍数平均分给各层级员工，是没有拉开差距的。而且年终奖发了就是发了，完全没有沟通，员工只知道一个数字，却不知道发这个奖金额度背后的理由……这样做的弊端是激励效果不明显，因为没有明确的导向，把年终奖变成了保健因素。

林枫认为年终奖首先要解决的是发给谁的问题，然后才是怎么发的问题。发给谁是一个导向问题，林枫和高德沟通后，认为要发给绩效优秀的员工，这是个很重要的导向；其次是怎么发的问题，也就是要基于员工的绩效结果、贡献来发；要做好沟通，既然发了，就要在发之前把导向说清楚，逐个与员工沟通为什么给他发这么多钱。

因此，在此次年终奖的方案中，林枫强调奖金的分配一定要以绩效贡献作为依据，而且一定要拉开差距，逐个落实员工沟通工作。具体发放依据就是员工的年度绩效结果，这时候做绩效管理的 HR 同事又发愁了，平时的年度绩效记录是不齐全的，而且不同事业部采用的绩效管理方式是不一样的，研发部门采用的是月度评分制，而营销部门是没有做阶段性考核的（如季度或半年度的绩效考核）。

怎么办呢？经过与各部门管理层讨论，确定了如下原则：

- 月度有考核分数的，算一个平均分数作为参考，在这个基础上打一个年度的考核分数，然后基于这个考核分数进行绩效排名，区分出前 15%、30%、75%、90%，最后 10%（绩效等级分别为 S、A、B、C、D）。

- 没有月度考核分数的人员，就根据他们的平时绩效打一个绩效分数（等级制，如 S、A、B、C、D，等级比例也是参照前 15%、30%、75%、90%，最后 10%），但是要求打这个考核分数的时候，要有年度关键事件作为考核依据。

其实，比较好的方式是先让员工与主管沟通建立绩效目标，然后按照考核周期，组织员工先进行自评，因为自评可以使员工有参与感，而且给考核提供了更多的输入信息参考。但因为公司之前在开展绩效管理工作时没有定绩效目标，所以 HR 也是"巧妇难为无米之炊"，这次只能先不做员工自评，并在下一周期的考核中落实绩效目标、绩效自评。

区分出不同的绩效等级人员后，针对 S、A、B、C、D 不同绩效等级人员，分别发放不同倍数的年终奖，年终奖充分拉开不同等级的差距，确保激励的强度，最高相当于 4 倍月薪的年终奖，最低年终奖为零，并且首次组织了全员一对一的年终奖沟通，起到很好的激励牵引作用。

28. 分钱是要讲究顺序的

由于公司上一年度的经营状况不是特别好，因为创业型互联网企业需要前期的战略投入与市场培育。那么，在钱不多的情况下怎么分呢？这是很讲究策略的。

很多企业是先把高层人员的钱分够了，然后再考虑中层人员，最后考虑基层人员。这个导向会导致公司失去大部分员工的心，所以林枫组织高层讨论，统一思想，认为高层要做出表率，先把员工的利益顾好，让员工心齐，然后才考虑管理层。

因此，公司明确了一个年终奖的分配原则，就是先把基层员工的钱分好，再分中层的钱，最后分高层的钱；而员工层面，先分好一线部门的钱，再分二线部门（后台支撑部门）的钱……这样做能够激发最底层员工的积极性，同时提升中高层管理者的责任感。作为管理者，首先要有责任感，这是对团队的责任感；对高管的责任感要求是先利人后利己，轻财足以聚人，律己足以服人，量宽足以得人，身先足以率人。

公司要厚待基层员工，而对中高层员工的要求比较严格。这就是公司以客户为先的核心价值观体现。

29. 创造性地解决绩效工资问题

Y 公司员工的薪酬结构中有 20% 的绩效工资，但一直没有应用，基本都按员工已完成绩效发给大家了。所以，就有吃"大锅饭"的感觉。为了进一步提升绩效，员工绩效的好坏必须在绩效工资上得到体现，Y 公司决定把员工的绩效结果与绩效工资挂钩。那么如何挂钩呢？大家众说纷纭。

其中，营销部门考虑把 20% 的绩效工资拿出来，变成一个绩效工资的"池子"，然后每个季度绩效考核后，大家就在这个绩效工资的"池子"里分。经过林枫及薪酬主管对部分员工的调研，这样做员工的感知很不好，有两个因素：一是前一季度每个月都先扣了员工 20% 的薪酬，员工的经济压力比较大，损失感很严重；二是这个绩效工资池的概念，会让员工觉得相互之间是相互竞争与侵占的关系，即我的钱少了，是跑到了你的口袋里，这是"相互割肉"的关系，会造成同事关系比较紧张，导向不好。

针对这个弊端，林枫成立了一个专项小组进行了多次讨论，一次次的优化，最终确定了更合理的方案。这个方案的思路：

一是不提前扣减薪酬中的绩效工资部分，但同样会做季度考核，而上一季度的绩效考核结果会应用到下一季度的绩效工资里，而且在下一季度的每个月体现。

二是每个人的绩效工资是和自己的季度绩效结果挂钩的，是乘以一个系数的关系，而不是从"大池子"里面分的。这样就解决了员工之间相互竞争的关系，变成了绩效工资只与自身绩效相关，而非与其他人员的绩效工资多寡相关。

三是公司额外加了一部分激励的"增量"进去，绩效优秀者不仅可获得原有20%的绩效工资，还会获得5%~20%的超额绩效工资激励。该方案还确保了90%的员工是可以拿到原有20%绩效工资的，有40%的员工是可以获得超额绩效工资激励的，所以正向激励效果特别好。

这种通过动态调整的增量绩效工资的方式，有点像临时调薪，但激励效果比调薪更好。因为直接调薪的结果是员工以后每个月都可以拿到更高的工资，员工很快就会失去感觉，而这种把季度绩效结果用于月度超额绩效工资的做法，可以充分调动员工的积极性，取得"导向冲锋"、不断追求优秀绩效的效果。

30. 项目奖，让项目经理有 "分钱"的权力

为了增强在项目上工作的员工的激励效果，林枫推动公司做了项目奖方案：各项目团队在达到季度签约销售目标之后，会有一定比例的项目奖提成。这个项目奖是分若干个阶段的：销售、售前、实施，分别为 X% 、Y% 、Z% 。而具有创新意义的是，这是按阶段区分的项目奖，而不是按岗位来分的，也就是鼓励项目组成员参与项目各个环节，在各环节做出自己的贡献。比如你的岗位是销售，如果参与了售前的工作并有所贡献，你就可以分到售前阶段的奖金，这其实是打破了岗位的界限。

那么，项目奖的分配依据呢？公司建立了工时系统，在系统上叫以看到每位员工把时间、精力花在了哪个项目上。最终是参照员工的工时投入，以及员工在项目中承担的角色（不同角色有不同的系数权重），进行项目奖金的分配。

公司把项目奖分配的权限授予了项目经理，项目经理根据量化的工时数据，结合他们观察和记录的员工绩效贡献结果，进行项目奖的分配，并说明分配理由（基于事实与数据）。原则上，项目经理分配的金额不会再被调整，这充分地调动了他们的积

极性。

但是，如何让员工觉得项目奖分配是公平的，这很考验项目经理的绩效评估能力、分钱能力，项目经理是有压力的，因为分得不公平，员工就会投诉到上一层组织。所以，这对项目经理的管理能力是一个很大的考验。

为了确保项目经理能够更好地分钱，公司组织了"如何分好钱"的培训，包括分钱的目的与导向、分钱的原则与方法。结合了过往分钱分得好与分不好的案例，进行了充分讨论，进一步提升了项目经理分钱的能力。

31. 小额激励：不仅奖励结果，
还奖励过程

在 Y 公司的激励体系中，原先几乎都是基于结果来进行激励，林枫认为这个激励体系是有所欠缺的。企业还应该鼓励与激励那些虽然结果并不好，或者暂时没有做出突出结果，但过程表现优秀的人员，比如在与客户沟通中表现出色，为公司的业务拓展起到积极的推进作用；或者在项目攻坚阶段加班加点、任劳任怨；或者技术过硬，保证了产品的持续稳定；或者为客户提供优良服务，得到客户的称赞等……

这些事例，也许从创造的结果看，并不能得到公司的特殊奖金，比如项目奖、突出贡献奖等，但他们是在点点滴滴的日常工作中体现出职业化的、稳定的、超出常规的投入与行为表现，体现出符合公司核心价值观的工作态度，为内外部客户解决了一个个细小但不可忽视的问题。这些平凡的英雄，也应该得到公司的褒奖。

所以，林枫提出设立小额激励奖，重点激励日常工作表现优良的员工，符合公司价值观表现的员工，同时要让全员有参与感，同时增加趣味性，增强团队活力。

小额激励有以下两种方式：

（1）"小额红包专项激励"。

这类奖项，导向创造客户价值、内部服务、内部沟通、快速解决问题。

研发部门可设立：快速响应解决问题奖、技术过硬零缺陷奖、技术攻坚突破奖、妙笔生花产品创意奖，等等。

市场部门可设立：方案出色客户点赞奖、投标抢占桥头堡奖、完成任务精英尖兵奖、最佳职业形象奖，等等。

职能部门可设立：最佳服务体验奖、最佳金算盘奖（适用于财务部门）、最高工作效率奖，等等。

以上奖项采用现金红包的方式（500~2000元，在预算范围内由部门自行决定发放个数及金额），季度评选发放。

（2）"细水长流全员参与奖"。

- 早鸟奖：连续一个月未迟到、早退。
- 敬业奖：由于项目需要连续一周加班。
- 建言奖：针对工作流程、工作方法提出合理化建议被采纳。
- 团结友爱奖：在工作中帮助同事。
- 爱学习奖：参与公司培训三次。

……

有以上行为表现，可分别计算一定的积分，到达一定数量的积分后，员工可获得如下奖励（随机触发）：

- 早点券：公司包一周早餐。
- 水果券：送水果一次。
- 假期券：任性放假半天。
- 饮料券："星巴克"券一张。

32. 抵近激励：HR 高管要亲往一线鼓舞士气

Y 公司在深圳、北京都有分公司，但由于工作比较忙，林枫一直没有机会去看望分公司团队的同事。眼看自己入职两个月了，林枫一直想着这件事情。后来林枫和分公司总经理沟通此事的时候，分公司总经理说："分公司的小伙伴们因为距离总部较远，盼望总部的领导能过去看看他们，传递公司最新的政策信息，鼓舞一下士气，如果能和他们玩在一起就更好了。"

林枫征求高德的意见，高德很赞同。他说："你确实要多去一线看看兄弟们，要把一线的声音传递上来。以前 HR 的工作可能较多开展在面上，在点上是不够的，所以要多落到具体的点上。我们看到军队中，政委常出现在战斗最前线去和战士们聊天、嘘寒问暖，体现出组织对一线将士的关怀，并能把组织的声音传递到一线，也让一线的声音能够传递上来……利用这种方式我们改进管理工作。让上下声音顺畅传达，就是你这个政委该做的工作，而且不仅仅是你，你的团队成员都应该轮流到一线去看看。另外，不仅仅 HR 高管，所有高层都应该经常去一线进行慰问，了解一线情况，鼓舞士气。"

出发前，林枫深入思考：此次到一线，主要起到什么作用，是定位为工作考察吗……他认为这是不够的，主要目的应该是激励。抵近一线去激励员工，这是 HR 工作的法宝。在怎样安排议程方面，林枫也是颇费心思。一是近期公司推出了不少 HR 新政策，员工还不太了解，需要给他们解读；二是员工有些特殊的需求与问题，需要收集并帮助解决；三是如何通过融入他们的方式，鼓舞员工的士气。

针对以上几点考虑，林枫和其他 HR 同事一起规划了到分公司沟通的安排。一是组织一场分公司全员参加的"HR 政策沟通会"；二是选取部分员工进行一对一访谈沟通；三是举办一场团建活动，让他们在放松的环境中进行交流，也起到提升士气的作用。

在一对一沟通环节，林枫会特别关注与了解每位员工的想法，以及这些想法背后的原因、动机。因为一个人思想行为的背后，可能有着不为人知的动机、原因（比如特殊的背景、经历等）。HR 不能对一个人的异常行为视而不见，而要透过这个窗口，看到这个行为背后的东西。也许一个人说了一句话、有一个举动、做了一个行为，可能背后都有深层的动机，针对深层的动机去解决问题才更有效果。

33. 充分激活队伍的合伙人机制

Y 公司采用了合伙人机制，每位合伙人独立负责一个独立经营核算的团队，团队规模大小从五六人到二十多人，根据其团队所承担的经营指标高低而定（在承诺一定的经营指标的情况下，合伙人可以外部招聘或内部调配补充一定数量、一定层级的人才），合伙人需要承担本团队相应的人工成本，经营指标越高，他带领团队的人数越多。

同时，合伙人团队所做的项目要满足一定的毛利率要求，经营指标达到了，毛利率也达标了，才能够获得一定比例的项目提成，以及超额奖；合伙人对于项目提成、超额奖有在团队成员内部的分配权。这样，合伙人团队就被充分激活了，只要项目赚钱、公司赚钱，合伙人团队就可以赚钱。同时，公司可以不断扩展合伙人的队伍，形成经营上的多台"引擎"推动的效果。

开始时，Y 公司对合伙人团队只设置了签约收入指标奖，后来发现导向过于单一，合伙人都奔着签约指标而去，而交付与回款进度滞后。于是就对激励机制进行了调整，从签约收入、交付进度、回款额度三个方面分别进行了一定比例的激励，实现了三者的均衡牵引。

另外，为了进一步提升合伙人对项目选择、项目盈利性的关注，增加激励强度，Y公司还试行了合伙人跟投机制，让合伙人的切身利益与组织的利益捆绑在一起。

34. 分股合心，股权激励

林枫还参与了公司虚拟股票激励机制的设计。一方面根据股本的总量与结构进行股票发放数量、发放机制设计；另一方面确定什么人可以发放公司股票。

经过核心高层讨论确定，一部分是给高层管理人员发放股票；另一部分可以给部分绩效优秀的中基层管理者及员工发放股票。这些股票发放后，给予一定时间的锁定期（比如 4 年）来分别解锁，即一次授予，逐年解锁，也就是让员工享受和公司共同成长的收益。

公司要找的是"同心人"，而非"同路人"。"同心人"就是与公司价值观高度吻合，愿意与公司共同发展的管理层与员工，是可以与公司一起走到最后的人；"同路人"就是陪伴公司走一个阶段，就可能离开的人。对于"同心人"，我们才能给予股票。

而对于高管，也是授予股票的群体，但这是通过给他们设定一定的绩效目标，绩效目标达到后，才能够拿到相应的股票。

对于创业型企业而言，更多是通过中长期激励来吸引与留住核心管理层及优秀员工。财散人聚，财聚人散。只有足够的中长期激励，核心管理层及员工才会有使命感。

六、把 HR 自身队伍建设好，成为坚实的后盾

35. 建好 HR 自身的队伍，鼓舞士气

对于 HR 高管来说，除了前面提到的年度 HR 重点工作规划外，接下来要做的关键工作，不是 HR 部门外部的工作，而是 HR 部门内部的工作——HR 自身团队的管理。

HR 高管在刚入职时，适当地建立外部连接就可以了，不要一下子拓展得太广，与周边人员进行过于深度的交往，因为这会耗费自己比较多的心神和精力，导致不能聚焦。另外，在外部交往时，如果互动过多，很多事情自然而然就出现了，别人会给你提出越来越多的需求。

这个时候，HR 高管和 HR 团队内部成员还没有充分磨合好，没有形成稳定、顺畅、成熟的上下级管理关系，团队的整体交付能力还支撑不上，HR 高管就会很被动。因为过多的工作压力不断传递给下属，会造成他们的反弹……所以在一开始的时候，要有意识地收拢，采用一定的"守势"，力量尽量聚焦在内部，也就是把内部的团队先凝聚起来，提升对内部的管理与掌控力。

先建设好自身的队伍，只有团队的凝聚力、指挥力、整体作战力提升了，HR 高管才有足够的底气与能力对外，你的腰杆才能硬起来。

林枫认为，能给团队传递正能量，是作为 HR 高管的首要气质与任务。团队的"气"上来了，"事"才能干好。

所以，林枫先着手鼓舞好内部的士气，做好内部人员的补充配备与职责分工安排，让内部团队能够有条不紊地运作起来，这样他才能没有后顾无忧，心无旁骛地对外拓展与交往周旋。只有依靠团队的力量，才能够支撑起 HR 高管的对外交付能力，才能对外提供比较好的服务与体验，团队就是自己最坚实的后盾。

很多新上任的 HR 高管，还没有充分做好 HR 自身团队建设、团队管理工作，就盲目地对外拓展，而把外部揽回来的活不断抛给自己的团队，不断往内部传递压力，导致团队的"反抗"与"起义"，甚至背后说主管的坏话，导致主管腹背受敌，首尾不能相顾，自己把自己拖进泥潭，陷入非常被动的局面。所以，新上任 HR 高管一定要"攘外必先安内"。

开始时，林枫把时间和精力花在内部空缺岗位的招聘、内部团队运作，以及团队成员沟通上。他深刻意识到，团队才是自己最坚实的后盾，是自己最可靠的战友，要照顾好他们、安抚好他们、激励好他们，要给团队传递正能量，这是自己的首要任务。

林枫还向 HR 团队传递这样的认识，即 HR 团队的威望不是说出来的，而是通过硬邦邦的行动打出来的，通过扎扎实实的脚步走出来的。耳听为虚，眼见为实，大家都已不相信神话，HR 团队一定要用结果来证明自己对业务的价值、对组织的价值，才能够获得业务部门的尊重与认可。

36. 有合适的搭档太重要了

林枫刚到 Y 公司的时候，很庆幸有非常理想的副手——HRD佳倩，她给了林枫很好的支持，真正成了林枫管理团队的"左膀右臂"。没有她，林枫不能很好地在新的岗位上这么顺利实现"软着陆"。

佳倩有着非常开放与包容的心态，一开始就以欢迎与接纳的态度对待林枫的加入，这是很不容易的。作为原来 HR 团队的一把手，自己上面"空降"一个高管，不是任何人都有这样的心胸和度量的。当然，这跟佳倩一直面临着较大的工作压力有关系，她自己也有些扛不住沉重的工作压力了，听说她两年时间没有休假过一天，工作生活也失去了平衡。林枫的到来，帮助佳倩腾出时间和家人在一起。所以，对于林枫和佳倩来说，这是双赢。

林枫的优势是架构性、系统性思维，能够在短时间内根据环境与形势，识别业务痛点，制定出系统化的 HR 解决方案。他知道做什么事情符合正确的方向——也就是能正确确定"What"的人，"排兵布阵""谋篇布局"是林枫的拿手好戏。

而佳倩，有着很好的执行能力，可以说是"完美执行"的典范。她能够很好地把领导的意图与想法贯彻下去，而且她对外有着非常好的亲和力与服务意识，灵活应变能力很强，得到业务部门主管与员工的一致好评。

所以，佳倩的优势刚好和林枫互补，可以说是工作上的"天作之合"，两人几乎没有经过"磨合期"，一上场就完全进入默契配合的状态，分工合作相得益彰。

佳倩还有一个优点，就是"选人"与"凝聚人心"做得特别好，她很好地搭建了 HR 团队，选的人都不错，都是比较积极主动且实干的。好的团队底子是林枫开展工作的基础，林枫很感激佳倩之前所做的贡献，也理解佳倩能够把这个团队带到现在这个阶段与状态是很不容易的，这种理解和认可也是佳倩比较欢迎他的原因。

"老人"对"新人"的开放和包容，以及"新人"对"老人"的理解与认可，是双方能够良好合作的开端。如果双方互不接纳与认可，就很难合作下去，这是值得新上任高管，以及原有团队一把手特别需要注意的地方。

林枫一直认为，先找好搭档，找好自己的"左膀右臂"，是开展好工作极为关键的基础。不论你是高管，还是部门中层或基层管理人员，这一点都适用。只有有了"帮手"，做起事情才能游刃有余，你和副手形成互补，就像左右手一样相互配合。否则，就会陷入被动应付的局面，事情多了腾不出手来，或者不同类别的事情不能让更合适的人去做。但是有了合适的搭档，就能够相互补充、相互支持，"背靠背"的一致对外。

所以，一定要选择合适的搭档，合适的搭档有几个因素：

第一个因素是信任与开放，搭档最怕的就是相互猜忌，担心对方会替换自己，一定要做好双方的定位。

第二个因素双方一定要有互补的性格，确保两个人的性格是比较搭配的，不会起冲突。

第三个因素要有合作的心态，要有共赢的大局观，两人是共荣共辱的关系……如果你有这样的搭档，一定要好好珍惜；如果你还没有找到，就赶紧去寻找。

有时候，搭档的背景很重要，背景能够与自己形成互补最好。比如林枫一直在民营企业的集团总部工作，擅长规划，创新能力强；而佳倩一直在外企工作，擅长执行，服务意识强——这种背景能够形成互补，在面临不同的场景时可以交替、轮番上场，用最好的角色、以最好的方式去应对。

新上任 HR 高管有一个误区，就是一定要用自己人，自己要带人过来，这其实是把"双刃剑"。用了自己人，就相当于给这个人贴上了标签，并与其他人拉开了距离，形成不同的阵营。除非你的团队一个人都没有，或者非常少，这时候是可以采用"自己带人"的方式。如果你的团队有足够的人员，或者人员的能力还不错，就不要自己带人过来或随便换人，还不如在内部选拔有实力的人员承担骨干的角色。把原来团队的人用好，这是 HR 高管进行团队建设最好的选择。

林枫到新公司后，没有更换过一个团队成员，就在原来的团队基础上，把团队成员的能力、士气带起来，形成了非常强的凝聚力、向心力与战斗力。当然，这个"中心"是林枫和佳倩两人，而非林枫一人，两人是一个紧密的结合体。

所以，团队建设最关键的并不在于你的"左膀右臂"、你的下属是不是自己人，而是你能不能把每个人用好，把每个人的角色、职责定位清楚，并在内部建立起有序的协作机制、客观公平的评价机制，并营造良好的工作氛围。

新上任的 HR 高管最忌讳的是，到了一个新团队马上"换血"，形成"一朝天子一朝臣"的局面。这可能会在短时间内有利于自己开展工作，因为用自己人比较得心应手，但是对原有团队的伤害是很大的，对部门的外部声誉也会有不好的影响。所以，林枫一直很注意这点，特别是不要招聘自己原来公司的人进入自己的团队，即使要招聘也要谨慎小心，提前做好原有团队成员的沟通工作，不要给团队"谁是你自己人"的认知，一定要一视同仁，对所有人都是就事论事、用结果来说话，确保客观公平，不掺杂任何个人的主观情感因素，贯彻简单、务实、高效的作风，这样才能够留住大多数的人才……很多新上任的高管做不到这一点，导致进入了"雷区"。

新上任的 HR 高管最需要的不是从外部呼唤"自己人"来帮忙，而是怎样让现有团队人员都有归属感，把他们的积极性调动起来，让每个人都能发挥出最大的效能，把每个人都变成"自己人"，这才是领导者最大的本事。如果能做到这一点，你的团队基础就会很牢固，你就能够放开手脚，大刀阔斧地开展工作了。

37. COE 与 HRBP 建设并重，再到 SSC 运营

佳倩在林枫刚入职时，给林枫介绍了自己所做的年度工作规划。她提到当前两大事业部工作量比较大，很多工作都集中在功能模块 HR 身上，工作饱和度比较高，特别是招聘量非常大，所以建议应把 HRBP 领域作为重点建设的方向。

林枫分析后发现，公司 HR COE 的工作也很薄弱，各模块做得都不够专业和系统，经常出现一些运营漏洞，流程也不清晰，而且大部分还是基础操作性工作，缺少增值性的工作。于是林枫提出，设立事业部 HRBP 很重要，也是很紧迫需要落实的，要逐步建立起 HRBP 的队伍与体系。同时，COE 也要重点去抓，一方面把平台 HR 各模块的专业性、系统性工作抓起来，多做一些可以给业务部门带来价值的项目；另一方面暂时不设 HR SSC，让 COE 和 HRBP 都兼一部分 SSC 的工作，到合适的时候再把 HR SSC 运作起来。

另外，林枫认为在创业型企业，COE、HRBP、SSC 这三种角色在一定程度上是相互交融的，有一定的工作边界但不是严格区分和界定得那么清楚的，很多时候一项工作是需要两者或三者都参与的。

对于后续 HR 三支柱的建设，林枫和佳倩讨论后，认为应该分步走。一期以 COE 与 HRBP 并重发展，目前不太适合把 SSC 单独成立起来，可以由 COE、HRBP 两个角色各承担一部分，采取兼任的方式；涉及与业务侧强相关的基础工作就由 HRBP 承担，如果 HRBP 解决不了的，就交到 COE 相应的专业模块去对接……这样，就形成了 HR 三支柱综合运营的能力，既有分工又有合作。

业界通常说的 HR 三支柱，很多企业理解为三者一定是严格区分的，人员也要专职化才算三支柱。但林枫认为，对于很多企业而言，特别是创业型、中小型企业，只需要这三者功能上的覆盖与加强，重点在于强调 HR 这三大功能的实现与发挥作用，而不是确保资源的占有与独用，并不需要严格区分与划清界限，这才是 HR 三支柱的应有之义。想到这点，林枫颇有成就感，因为他对戴维·尤里奇"HR 三支柱模型"有了新的理解与创新。

在 COE 层面，林枫明确了每个 COE 的岗位职责，以及需要在一年内做的重点、增值性工作（如体系流程建设、重点项目），以下是林枫与各 COE 同事讨论确定的重点工作：

招聘模块：完善招聘入职流程、优化面试考核表、增加招聘测试工具、建设与运营招聘公众号、开展内部推荐激励项目、组织企业专场招聘会、开展求职者体验优化项目等。

绩效管理模块：建立试用期员工的绩效管理与转正评估机制、推行全员绩效目标与绩效结果沟通、试行强相关部门的绩效考核、在研发部门试行 OKR 考核方式等。

薪酬福利模块：建立职级薪酬框架、在市场团队实施项目奖、给项目经理开展"如何分好钱"的培训赋能、推行薪酬信息公开化。

学习发展模块：建立员工通用能力培训体系、建立管理者能力提升培训体系、加强价值观培训、建立新员工带教体系等。

……

通过明确各模块的重点、增值性工作，可以较好地提升 HR 各功能模块的专业性，以及给业务部门提供的价值，进而提升 HR 的影响力与地位。

原来 Y 公司没有设立 HRBP 岗位，数百个员工的 HR 工作会直接对接到功能模块 HR 身上，他们的工作负荷量越来越大，导致精力几乎都花在点对点的咨询解答及日常操作事宜上，不利于 HR 各功能模块的专业化建设与能力培育。

于是，林枫和佳倩决定在各事业部及大后台部门设立 HRBP 岗位。其中，两大事业部的 HRBP 需从外部招聘，而大后台的 HRBP 由某功能模块 HR 兼任。很快，林枫就从外部招聘了两位经验比较丰富，且沟通比较接地气的 HRBP——邱俊（营销事业部 HRBP）与谢芳（研发事业部 HRBP），加上从招聘经理岗位兼职的大后台 HRBP 张琳。这三位 HRBP 上岗后，很快就适应了业务环境，帮助各模块 HR 在事业部、大后台部门很好地落实各项 HR 工作，并帮助各部门主管近距离地提供 HR 服务。

自从设立了 HRBP 岗位之后，林枫和佳倩明显感觉来自业务部门的各项咨询求助事宜减少了很多，这些日常事情基本都由 HRBP 过滤了。所以，林枫、佳倩及 COE 同事可以腾出更多的时间、精力来思考与着手更有价值的事情。

又过了三个多月，林枫、佳倩察觉到公司的 HR 基础运营工作有进一步加强的必要，于是 HR SSC 组织由一位薪酬福利主管带着两位应届生组建起来，把 HR 基础运营工作开展起来。除了基本的人事服务，还负责构建各项 HR 基础流程，提升 HR 安全运营能力。除此之外，林枫还要求 HR SSC 把 HR 数据运营的工作开展起来，每月推出 HR 运营月报，把人力预算达成情况、人员结构分析、招聘需求、招聘入职情况（含招聘渠道来源）、离职人员与原因分析、内部调动情况、人工成本变化、绩效考核数据（季度）、培训赋能、员工活动等做详细的数据汇总与分析，并得出 HR 运营发现（新问题、新趋势）与解决方案，供管理层在人力盘点会上讨论决策参考。

38. 在调休请假上松绑，照顾人性化需求

原来 HR 部门同事加班比较多，而且基本没有调休的概念。林枫到来后，分配了很多新的工作，所以团队成员的工作量更大了，大家担心工作压力过大，不但身体扛不住，家庭也会出现问题。

林枫考虑到大家工作与生活平衡的需要，在部门内建立了一个规则，就是平时有工作加班的情况，只要自己能够把工作安排好，都可以进行调休。林枫还主动和团队成员说："你们工作完成了，能不加班就尽量不加班，也不要因为我还在办公室就刻意留在办公室，特别是结了婚的、家里有小孩的，要尽量多陪一下家人。大家不要因为加班而加班，而是注重工作的效率与结果，生活与工作的平衡反而能够更好地提升工作效率。"

奇怪的是，林枫这样给大家"松绑"之后，大家反而更乐意投入工作了，反而不计较加班了。所以有些事情，你越强调，他人越关注、越计较，你越不在意，反而不是问题了。

平时大家临时有事，比如自己或家人身体不舒服，或需要临时处理什么事情，只需提前书面或口头请假，林枫都会很开通地批准，只需要回来时补上相应的电子流即可。在团结紧张、严肃

活泼、有张有弛的工作氛围下，HR 部门各项工作有条不紊地开展，几乎没有出现过由于个人原因影响工作的情况，自觉自律已成为部门的习惯。这让林枫想起一句话："领导越宽容，下属越自觉。"

39. 鼓励大家走出去学习交流

"最好的关怀是对人才成长的关怀。"林枫一直深信这一点，他考虑到团队成员个人成长的发展需求，鼓励他们多走出去参加 HR 沙龙、论坛等，学习了解业界 HR 优秀实践，并应用到本职工作中。

因为上海是中国 HR 领域大型交流活动的发源地，HR 同行分享交流非常频繁，很多 HR 论坛活动都是免费的，分享的嘉宾一般是知名企业实战派 HR 管理者，这是一个得天独厚的含金量极高的 HR 培训讲师团与资源库。

林枫对团队成员说："外部的 HR 沙龙、研讨会、论坛等，只要你们想去参加，我都支持，大家认真去听，回来分享给其他部门的同事。"

这其实是给了大家额外的自我投资、职业增值的机会，因为在其他企业，这些外出参加活动的机会比较少，很多企业都把员工的工作时间看得很紧，没有给他们外出学习的机会。

大多数员工都渴望到外面的世界去看看，了解其他 HR 同行是怎么做的。在平时的工作中，员工即使再努力工作，产生的都是一种量变，参加了外部的学习交流后再回来工作，其实脑子里已经有了质变，变成一种"升维"的思考问题的方式，工作效率与质量反而更高了，创新能力也更强了。

目前公司 HR 团队的薪酬并没有很强的市场竞争力，但是 HR 团队一直都很稳定，士气一直都很高。因为他们知道，在这里有成长发展的机会，这些成长发展的机会也是整体薪酬的一部分。

林枫还鼓励团队成员多看书、多学习，多去听别人的经验分享，同时也把自己的经验分享出去。这样他们才能提升自我，有更强的职业竞争力，后续有更好的职业发展机会。当领导真正关注员工的成长，而不只是关心他们的付出的时候，员工才更愿意付出。

林枫鼓励部门同事"走出去"学习业界优秀实践经验，不仅仅向标杆企业学习，还要学习各行各业、各种规模的企业优秀实践。因为每一家企业可能都在某一点上是超越于其他企业的，是这家企业独特的闪光点，所以他鼓励 HR 同事要以兼容并包、海纳百川的心态学习，这样才能获得更快的成长。"能以任何人为师，才能成为大师。"这是林枫对团队的寄语。

40. 要有部门边界意识，为部门争取利益

林枫到 Y 公司 HR 部门一周左右的时候，佳倩在一次和林枫的沟通中，提到部门有同事讨论关于林枫的情况。她提到大家感觉林枫的性格比较平和，人很 nice，可能比佳倩还要 nice，而佳倩原来的 nice 风格已经让 HR 部门在公司内的地位不高。所以，大家很担心林枫同样太好说话，部门在公司内更没有地位与影响力了，而且担心他能否给大伙争取到利益，能否把团队带起来……

林枫听了，很敏感地认识到，这就是团队成员最真实、原始的心态与想法，是非常正常的。自己确实显得性格太过柔和了，不利于后续工作开展。其实 HR 团队成员，包括其他管理层都在观察自己，甚至通过一些事情在试探自己的风格，如果自己在开始时不能建立好处理事情的原则和界线，后面要扭转这个局面就难了。他意识到了问题的严重性。

佳倩继续说："大伙其实希望你能够对外强硬一些，能够给团队起到一定的支撑、保护作用，因为现在 HR 部门已成为业务部门'甩锅'部门，工作比较被动，大家因为经常受气得不到释放，心理压力比较大，团队成员的薪资回报等比较低，大家心里

都有一种压抑感。所以大家希望你能够改变这个局面，能够尽量提升 HR 部门的影响力，对于其他部门提出的需求，也要有所筛选，要强硬一些，不能光说'软话'，不能什么活都接，什么事情都答应和接受，这样反而使团队成员离你远了，因为你只会对外妥协，说好话。另外，要在一定程度上捍卫部门利益，为部门争取必要的利益，这是大家愿意跟随你的重要原因。"

此次沟通对林枫的触动很大，在自己以前的职业经历中，确实看到 HR 部门的地位是有高有低的，如何呈现出 HR 部门的价值贡献、提升影响力，确实是自己需要认真思考并投入精力的事情。对外"有软有硬"，这只是一种姿态与表象。更重要的是，你要把资源聚焦到核心价值贡献中。

林枫认为，在公司一定要尽快呈现人力资源在公司内的价值，把"势"造起来，这股"气"上来了，大家工作才有干劲，才有自我认同感。HR 部门是为公司其他部门创造价值的，HR 团队强大了，公司的 HR 工作基础才能打好，HR 同事才能发挥更大的作用。林枫认为短期内自己要达到两个目标：一是提升 HR 部门在公司的地位与价值；二是让业务主管承担起 HR 工作的责任，让他们意识到业务主管才是 HR 工作的第一责任人。

另外，HR 部门虽然是服务部门，但在一定程度上也是权力部门，是一个独立的有边界的组织，而服务不是没有底线的。作为 HR 团队的管理者，也需要有一些部门边界的意识，但需要把握好分寸，最终目的是让 HR 部门有一种价值感、荣誉感，团队成员有凝聚力，感觉到是被尊重的。

林枫萌生了一个想法，这个想法一直贯穿在他管理 HR 团队的过程中，以致后来发挥了很大的作用，就是强化大家的精英团队意识。一是 HR 团队做出来的东西要有最高标准的要求，输出质量是业界最高的；二是从这个团队走出去的人，一定是业界最专业、最优秀的 HR 领域的专家，就像海军陆战队一样，个个是精英，这样大家在这个团队才有荣誉感，才愿意继续留在这个团队里。如果这是一个得过且过、平庸的人都能在这里混日子的部门，谁会愿意留在这里呢？

41. 及时反馈，优先处理下属的事情

当有团队成员来找林枫求助的时候，林枫会先停下手里的工作，优先处理下属的事情。他天然地意识到，这是最好的鼓励士气，并让团队整体绩效最佳的方式。

如果团队成员有需要向你求助的事情，你不去及时处理，这件事情会因为没有往前推进而停滞在那里，处理这件事情的人有可能闲在那里，这对组织来说是损失，是人力的浪费；如果很多下属都这样，该处理的关键事情由于领导的原因不能进行下去，部门的整体工作进展就会受影响。

相反，当你先把下属的事情处理和解决了，下属就可以往前走了。也就是说，团队成员可以同步前进，整个团队的"流量"就变大了，团队整体绩效就会提升，这其实是关键的团队管理方法。

因此，林枫秉承这样一个原则，当下属找到他的时候，他会马上给予反馈与回应。如果他们需要帮助，就马上寻找相关的资源去帮助他们解决问题，这样会让下属有一种做事的畅快感，有了事情主动来找他，他们的积极性得到充分的保护与激发。但是，如果领导让他们一直在等，甚至不知道等到什么时候，他们

就会耗时间，耗掉的还有他们的积极性，会渐渐滋生一些负面情绪，甚至会怀疑自己不重要，所以领导不重视自己的求助。

　　所以，最好的领导会及时给予下属反馈，以最快的速度帮助他们解决问题。

42. 淡化价值观，聚焦事情本身

前面的章节提到，Y 公司内有些管理者，遇到问题经常诉诸于价值观，用价值观来解决问题，价值观甚至成了一个可以秒杀一切的大棒。管理者摆不平有些团队成员，就说对方的价值观有问题，然后对方就无话可说了。因为领导对下属的工作态度是有评判权的，这种评判就像贴上了标签，判了"死刑"。

但价值观讲多了，大家就有了免疫力，就慢慢失效了，反而有了负面的效果，甚至让下属失去了弹性。所以不能空谈价值观，如果要谈价值观，那就谈价值观展现出来的行为，因为行为是可以衡量的。后来，林枫在公司内做了价值观行为细化的项目，把每一项价值观都细化成 5 项行为标准，可以根据这些行为标准的展现情况对员工进行评分，这样就让价值观变得可触摸、可衡量，可以复制与移植了。

价值观可以写出来，可以挂在墙上，甚至可以把优秀员工践行价值观的故事进行宣传，但是不适合对某人直接谈对方的价值观问题。原因就如前面谈到的，价值观难以衡量，很难找到抓手，每个人的标准都是不一样的。相反，对于事情而言，是有标准的，包括事情的过程结果与最终结果，比较容易衡量。所以，林枫对团队管理的诀窍，就是抓住事情来管理。

在 HR 团队的内部沟通中，林枫几乎从来不谈价值观的问题，而是聚焦事情，比如谈绩效目标、绩效结果。沟通绩效时，也是基于对方的绩效结果来沟通，对方做了哪些事情、哪件事情、哪些方面做得好，哪些事情、哪些方面还可以进一步改进，哪些事情没有做，哪些事情还可以做……总之，林枫与团队成员的沟通，90% 以上都是谈事情，很少会谈到价值观、态度等主观的因素，最多会谈对方的能力提升方向、通过什么举措来提升等。

林枫发现，弘扬价值观的最好方式，也是唯一方式，就是领导身体力行。你做到了，下属就会同样做到；你自己做不到，下属也不会做到。因为他们认为你都做不到，他们做不到是理所当然的，他们对自己的要求一定比领导的自身要求要低。

因此，林枫通过事情去抓价值观建设、能力建设，在做事情的过程中，把员工的价值观和能力带起来。只要你把事情的标准建立起来了，把事情的过程、节奏和结果把握好了，员工的价值观与能力就自然提高了，因为员工的价值观就体现在做事情的过程中，他的能力也在做事情的过程中培养起来了。

43. 多让下属"曝光"，营造人才辈出的团队

在公司级的 HR 会议，以及各部门的 HR 事宜讨论会上，多是林枫和佳倩发言。后来，林枫意识到，应该多鼓励下属发言，让他们在业务部门主管及公司高层管理团队前曝光，要把他们的形象推向"前台"。这样，他们才能独当一面，形成个人的品牌，而不是领导者的品牌。很多领导总是自己站在台前，而让下属作为幕后英雄，其实这是不利于下属成长的，下属就会越来越往后缩，越来越没有成就感，对外交往越来越没有信心与底气。

所以，最好的方式就是让他们独立面对外部的压力，在挑战性的对外场景中锻炼自己，特别是这件事情是他们负责的、材料是他们做的，就尽量让他们去呈现，让他们有对外沟通与展示的机会，这其实是一种快速成长的机会。所以，领导的作用就是提供这样的"舞台"，让下属去"唱戏"。

当然，在这种场合，不是每个人都能够把握好并有出色的表现，下属也会出现问题，会犯比较低级的错误。但这是成长过程中不可避免的经历，林枫一直向下属传递这样的理念，有了功劳、成绩是下属的，有了问题、责任是领导的。这样，员工才能放开手脚，无后顾之忧，大胆地开展工作，因为他们很放心，如

果自己做错了，领导会帮他兜底，而不是把锅甩给下属。

林枫给自己的定位是，做服务型、资源型的领导，帮助下属去成功。他相信，要真正成为领导，不是靠自己有多厉害，而是真心帮助下属成功，他们成功了，自己也真正成功了。

44. 向上争取资源，向下给予支持

林枫认为，作为 HR 高管，要做好自我的定位，对上、对下都是不一样的定位。领导者要做事情，就要有相应的资源，所以对上要争取资源。因为有资源，你的团队才能够做事情；而对下属，要给予支持，让他们工作开展得更顺利、更有效率。说到底，HR 高管就是下属的资源，是服务与支撑的角色，当然对下属的方向引领与指导是必要的前提，而在确定了方向之后，接下来就是服务与支撑。

HR 高管要争取 CEO 对 HR 部门的支持，并让团队更好地开展工作，让部门重点工作得到快速落实与执行，更好地实现部门的工作目标，更好地体现 HR 部门对组织的价值贡献。

要让下属认识到，他们每次向领导求助都会得到支持，领导会竭尽全力给他们提供强有力的支持，一定不要让下属有遇到问题的无力感，而要让他们有"有力感"。即不论遇到什么问题或困难，领导都会支持他们，帮助他们解决问题。即使遇到领导没办法解决的问题，领导也会向上求助，获取更多的资源去解决这个问题。无论如何，领导都会给他们一个交代，这样他们心里才会有底，才会竭尽全力地开展工作。

　　而对平级来说，林枫更多的是在给他们提供快速友好的服务支撑，建立良好的伙伴关系，为 HR 部门的工作开展营造良好的周边生态环境。因为其他中高层对 HR 部门的支持作用是很大的。如果其他中高层都很认可 HR 高管，就会配合 HR 部门、HR 其他同事的工作。从这个意义上说，林枫也是 HR 部门"合纵连横"的"外交大使"。

45. 做到实处，走在前列

林枫在部门内倡导一个理念："做到实处，走在前列。"

一是做到实处，就是要做有价值、有效果的事情，要有结果输出，讲究实效；二是做事情要扎扎实实、一步一个脚印，注重过程管理，把细节抓好，把事情做到位，不要做"半拉子"的事情；三是要信守承诺，言而必果，承诺了务必做到，即使做不到也要提前沟通与知会。

HR 团队不仅要输出服务，还要输出能力，林枫对 HR 的定位是：服务 + 赋能。赋能是指辅导与提升管理者的管理意识、能力，提升员工的效能。HR 团队先要有管理的意识、知识与方法，才能承担起这个责任。林枫建议团队成员加强学习，主动学习管理知识与方法，以及外部的优秀管理实践经验，这样才能成为推动公司管理转型与升级的引擎。

走在前列，就是做事情标准要高，要学习业界最优秀的实践，做出来的东西一定是质量最高的，是代表行业或专业领域最高水平的，成果是具有先进性的，而不是落后的。而且，林枫要求 HR 团队的价值观是走在公司前列的，要成为公司践行核心价值观的标杆。

HR 团队向其他部门宣传与倡导的东西，自己首先要做到，先正己，再及人，比如良好的职业素养、客户服务意识、尊重他人、沟通到位、正向激励、包容他人等。

经过林枫大半年对团队的苦心经营，HR 团队做事情的效率、质量有非常大的提升，HR 团队成员的整体能力也有了明显跃迁，对外的价值呈现、影响力都大大增强，团队成员的价值观表现也是优异的，各方面都处在公司各部门的前列。CEO 曾在多个场合表扬 HR 部门是公司内士气最高昂、能力提升最明显、绩效最突出的部门，公司投资方的创始人还专门打电话表扬林枫。同时，HR 团队的突出表现还"外溢"到公司外部，公司连续获得了"候选人体验大奖之企业金奖""最佳雇主品牌奖"等，这都说明林枫带领的 HR 团队对组织的价值贡献是走在业界前列的。

林枫还在外部大型 HR 论坛分享经验，并邀请 HR 团队同事一起参加，这让他们荣誉感倍增。

46. 让员工找到工作的意义

林枫经常和团队成员说："不要为了工作而工作，而是要找到工作背后的意义。"有些工作是从公司层面安排下来的，我们不能只是被动地执行，而要分析这项工作的背景，以及背后的意义，找到做这项工作的"驱动力"，并借此开拓 HR 工作新领域、新局面。

林枫也鼓励员工对于他安排的工作，也要思考与了解背后的根源和意义，如果不理解可以主动问，以便与员工的内在需求做好"驱动链接"，变成自我驱动，找到工作的乐趣和成就感，敞开心扉尝试新的工作，在专业领域进一步拓展和创新。

林枫不强求员工"一心一意"只为公司，而要同步考虑公司与个人。

有一次部门例会，林枫语重心长地对大伙说："从组织的角度看，要尽量使每个岗位、每个员工都是有备份的，甚至可替换的，这样才能确保组织运行不受个人的变动而影响；而从个人角度看，员工要让自身在组织中变得不可或缺、不可替代的——两者有博弈关系。但对于个人来说，要让自己既具有企业价值，又具有社会价值，才能走得长久。这两者是相互促进、相互制约的，如果人才没有企业价值，也会失去社会价值；如果没有社会价值，也将逐步失去企业价值。所以，我们应该不断学习、进步，使自己更具有职业竞争力与价值，才能跟得上企业快速发展的步伐。"

七、解决人才瓶颈，必须打攻坚战

47. 用专场招聘会批量解决人才需求

林枫到 Y 公司的时候，正值 Y 公司快速发展阶段，人才需求非常大，有近 200 人的招聘量，而且要求在上半年到位（当时还有 4～5 个月的时间）。但之前平均每个月的招聘入职人数为 5～6 人，这样的速度用两年时间都不能完成。

事业部总经理经常给林枫打电话、发微信，不断催促加快招聘进度，各种大会小会也是把招聘作为第一位的事情来提，这给林枫及招聘团队很大的心理压力，也迫使林枫思考如何提升招聘效率。

林枫发现目前的招聘工作是在零星开展的，就是在工作日单个约见候选人，效率比较低，很多候选人由于还在职，有时不方便安排面试时间，加上面试官工作日会议或外出比较多，难以凑在一起。所以，面试时间通常会变动或延后，有时这周约不了，就只能约下周，如果候选人临时有工作安排，也不时有爽约的情况出现。候选人到公司后，由于面试官日常处理的事情比较多，存在让面试者等很久的情况，偶尔还出现面试者等得太久挥袖而去的情况。

为了提升招聘的效率，林枫提出可用企业专场招聘会的方式来解决问题。林枫先是请招聘经理张琳做了 Y 公司专场招聘会的策划方案，包括专场招聘会的预期目标、面试流程、候选人分批面试的时间安排、面试官安排，候选人体验设计、面试官赋能等……这个策划把整个 HR 团队都动员起来了，把所有面试官在某周日邀请到公司。

为了能够使招聘会"一炮打响"，林枫召集 HR 部门同事开了两次会议，对团队的分工情况及整体流程设计进行模拟演练，确保万无一失，并且对面试官进行流程讲解，对他们进行面试方法的培训赋能。

当天招聘会现场，从楼下大门口开始，有抢眼的公司易拉宝、贴心的路线指引，一出电梯口就可以看到公司亮丽的宣传海报，前台有漂亮的小姑娘笑脸相迎，等待区陈列架上摆放着整整齐齐的公司介绍材料，还有不断循环播放的视频宣传，办公过道上有指引如何去洗手间的地贴，每一个面试间都贴着"××面试室"的字样，每一个环节都有人高效跟进，所有的面试流程当天全部完成，第二天发放 offer……所有的设计与安排有条不紊，让候选人感受到了一条龙服务的周到与细致，彰显了公司对人才的渴求与尊重，以及公司同事的职业化素养、高效的工作作风。

第一次招聘会非常成功，最后现场来了近 100 人，发放了 12 份 offer，最后入职 9 人，这相当于之前一个月的工作成果，招聘效率大大提升。而应聘者普遍反馈公司的招聘效率非常高，只需周末来一次公司就可以走完面试流程，第二天就收到 offer……这其实就是在招聘高峰期"争分夺秒"争夺人才。

专场招聘会后，林枫组织大家开了复盘总结会，把此次招聘会的得失、经验进行了深入分析与总结，并做成一份复盘报告发给公司管理层，获得管理层一致认可，CEO 特别给 HR 团队点赞。

48. 在招聘渠道上敢于投钱

林枫还发现公司的招聘渠道资源非常少，只有 2 个网络招聘渠道，以及 3 家猎头公司（基本"不产粮"，只有 1 家还在推荐人才，而且简历质量很低），招聘"漏斗"的入口很窄；只有 2 位 HR 同事参与招聘工作，一位是招聘经理，另一位是 HRBP，两个人"人拉肩扛"的筛选简历，效率很低。

林枫认为，要改变这种被动的局面，必须在招聘渠道上大胆投入资源，利用渠道的杠杆效应，撑大招聘漏斗，让更多的资源可以"流进来"。

于是林枫特别向 CEO 申请，在网络招聘渠道上打广告，进一步增加网络招聘供应商、猎头供应商，并引入 IPO（人力资源外包）服务。

经过分析，公司最多的人才来源是 BOSS 直聘，于是公司连续在上面做了三次广告，形成集中的宣传效应，每一次的效果都非常好，短时间内收到了大量简历，可选的人才瞬间增多。与 30 多家猎头沟通，最后签约了 9 家，并剔除了原有"僵尸供应商" 2 家，使公司的"活跃"猎头供应商增加到 10 家，经过 1 ~ 2 周的磨合，其中有 4 家表现出很好的潜力，推荐的人才量多而精准。开拓了 RPO 的方式，开放批量岗位给几家 RPO 供应商（如每家 10 个岗位），以较低的价格批量获取人才……

在猎头渠道拓展方面，由于公司的合同需要有合同评审小组来审核，审核非常严格，而且定下了一些比较苛刻的条件，有些条款要求是不符合行规的，这导致了很多猎头供应商不愿意与公司合作。所以，猎头供应商资源突破特别困难，耗时耗力却不见成效。

为了这件事情，林枫专门列出合同里的障碍条款，逐条和合同评审小组的管理层沟通，经过艰苦的内部公关，终于获得了突破，部分条款得以放宽（比如保证期、服务费率及其他约束条款），整体上提升了合同的吸引力，扫除了一些猎头公司不愿签约的障碍，使猎头供应商签约率提升，并发挥出积极作用。

公司进行系统性的渠道开拓与布局后，开始一个月处于酝酿与试运行阶段。一个月后，潜藏的人才资源就像冰山，被撬动起来了，如冰山融化、冰块大幅倾泻，势不可挡，简历越来越多、越来越准，让公司 HR 都招架不住了，感觉简历太多了。月度的招聘量也从 5～6 人提升到 10～20 人，再到 30～40 人，然后是50 人、60 人，最后接近 70 人。也就是每个工作日平均有 3 个人"进账"，这在公司的招聘历史上是前所未有的。结果在上半年就招聘入职 200 余人，以超越预期的速度满足了业务部门的人才需求。

49. 招聘从正规打法走向野路子打法

在上半年过去近 4 个月的时间，林枫发现原有的招聘渠道边际效用在递减，也就是原来的一系列正规打法（如招聘广告、猎头、网络搜索、专场招聘会、内部推荐等），在使用过几轮之后，虽然效果明显，但可用的资源越来越少，眼看这"几口井"就要枯竭了。林枫在苦苦思索突破的方式，在公司品牌知名度一般、薪酬竞争力一般、公司地点偏远的情况下，怎么能够吸引优秀的人才加盟。

林枫发现新入职的营销事业部 HRBP 邱俊，在入职近三个月的时间，招聘入职了 50 多位新员工，这个招聘效率是比较惊人的。林枫就和他沟通，看他是如何取得这么好的招聘成绩的。

邱俊介绍，他只有不多的时间花在面试上面，但是面试通过率却很高，他对简历是很挑剔的，匹配度很高才推荐给业务部门。他先是与各用人主管充分沟通他们的岗位需求，一般要沟通 1~2 个小时，把这个岗位的职责、工作场景、挑战、胜任能力等都了解得透透的，然后挑出 3~5 个关键字，按照关键字重合原理，一份简历必须与这些关键字都符合，他才会推荐给用人主管。结果他推荐的人才，面试成功率非常高（达到 90% 以上，也就是推荐给业务部门 10 个人有 9 个能成），基本上是"一推一个准"。

另外，他获取人才的效率很高，原来他把很多时间花在和业务部门主管、员工的沟通上，问他们有没有合适的人推荐；他把应聘者也当作一个重要的渠道，特别是那些公司已经有录用意向或者发了 offer 待入职的应聘者，他会抓住这个时机，利用好他们的积极性与能量，动员他们推荐原公司的同事，撬动他们背后的资源，获得"以一得三"的效果，没想到这些人带过来很多人。

从邱俊的独特做法看，林枫认为公司的招聘要突破原来的"正规军"打法，走向野路子打法。野路子打法，就是从被动等待走向主动猎挖，从单点突破走向批量解决，从 HR 为主走向业务部门为主。他认为，对于招聘 HR 来说，动员比动手更重要，招聘 HR 要把更多的时间、精力用在与业务主管、员工沟通上，向他们了解有哪些企业、哪些人才是值得猎挖的（特别是中高层及 Team Leader），尽量多挖掘信息，而不是一开始就着手筛选简历，把自己变为招聘流程执行的一部分。招聘 HR 应该跳出来管理这个招聘流程，发动更多的资源。

另外，要利用好应聘者的群体，特别是公司将录用的候选人，可以请他们推荐前公司的同事，取得"一拖 N"的效果。擒贼先擒王，要先找到团队的 Leader，再把找人的压力传递到 Leader 身上，才能提升他们的积极性，发动他们背后的资源，高效完成招聘任务。

林枫自己在最终面试时，把面试定义为三大功能：一是甄别人才；二是吸引人才；三是挖掘人才。他逐步加大了第三项功能的比重，通常在面试通过一个候选人的时候，他会留意分析这个候选人背后的资源，比如他目前工作的企业有没有批量人才可以推荐，特别是这家企业面临一些特殊情况的时候（比如公司地点搬迁、领导更换、经营困难、人员大量流动等），正是批量获取人才的最好时机。

这时候，林枫会吸引候选人，在双方进入"甜蜜区"时，林枫通常会抛出一个问题："你能否带一些人过来？"（对 Leader 的岗位）"你能够推荐一些原公司的人过来吗？"（对普通的员工）。在这种情况下，他发现几乎 100% 的人都会说："Yes！"然后，林枫就趁热打铁，和对方加微信，后续跟进他进行人才推荐。利用这种方法，林枫和 HR 小伙伴们招聘了数十位候选人，成效显著。

50. 从"大而全"的企业转为
"小而美"的企业

开始时，林枫和同事们关注的是大企业的人才，比如 BAT 等知名的互联网企业，后来当他们招聘了一些 BAT 的人才之后，这些人又在短时间内快速离职了。这时，他们总结出了一些经验、教训，那些一心想去 BAT 的人才，不一定适合 Y 公司这样的创业型企业，而且较大概率是不适合的。因为人才的追求目标是不一样的，想去 BAT 的人才倾向于在比较规范的企业环境学东西，或者希望有比较好的企业品牌，他可以承受在大企业只做一小部分或小范围工作，按部就班地发展。而创业型企业是在不确定性环境中工作，需要有综合的作战能力，锻炼与发展空间也比较大。

成熟大企业与创业型企业，一个是看重眼前可以预见的东西，更关注短期收益；另一个是看重未来可变的东西，更关注长期利益。两者条件也不一样，一个讲究光鲜亮丽的背景，需要在重点大学（211 或 985）、重点专业毕业，在其他知名企业工作过，有响当当履历的正规军；而创业型企业不太看重履历，更看重实战能力与成长潜力，需要成长型、潜力型人才。

在招聘实践中，林枫发现一个规律，有些创业型企业是人才的"藏龙卧虎"之地,因为这些企业从大公司挖了很多优秀的人才,而且这些人才在创业型企业经过一段时间的锤炼,已经适应了创业型企业的工作环境与工作节奏,是最理想、最合适的人选。因此,他要求 HR 团队的目标招聘对象从"大而全"的企业转为"小而美"的企业,特别是"独角兽"及"准独角兽"型企业。

51. 以销售的思路做招聘

林枫还在招聘工作中引入"销售"的思路，让 HR 团队都学会这种方法，就是先找到人才的"线索"，然后验证这个"线索"是否有效，再通过行动把这个"线索"转变为"机会点"，再把机会点变成"交易的达成"。

在销售式招聘过程中，可能发现的线索不是对的，但可以从这个线索得到另一个线索，然后再进一步去验证它，不断调整。这其实是一个柔性招聘的过程，即招聘越来越走向这种小批量、边摸索边前进、及时微调优化的道路。

销售式招聘还有一个特点，就是先找到"牛鼻子"，"骑马找马"。你要找专家，就要先找到认识专家的人，可能这个人本来就是专家，专家才能推荐专家，因为他就是这个圈子里的人。不要一开始就直接去找人才，这样速度比较慢，因为一个人的能力是有限的。要先找到能给你推荐人才的人，而且要找到很多这样的人，多线开动，然后让他们帮你找人才，这其实是最快捷的路径。

52. AI 助力招聘：提高内部推荐效果

Y 公司开展内部推荐也有一段时间了，从集中式的发邮件宣传，到把内部推荐广告张贴在洗手间里，开始有一些效果，但后面基本就失效了。这其实是员工"审美疲劳"了，变成"视而不见"了。

林枫决心开拓一些更有趣、更灵活、更新鲜的方式去做内部推荐，除了一直都有的结果性激励（即推荐人才入职后有数千元的推荐奖金），林枫考虑引进过程性的激励。

经过考察一些供应商，HR 团队引进了一家基于 AI 技术的招聘供应商——仟寻 MoSeeker，使用的是 SAAS（软件即服务）平台。一方面通过 AI 技术智能筛选与推荐人才；另一方面通过微信公众号宣传公司的招聘信息。Y 公司邀请全体员工到平台上认证，员工可以在手机和 PC 端微信上查看、转发公司的招聘职。Y 公司在平台上设定了若干微信"红包"，员工认证、转发热门职位信息被点击、推荐朋友应聘，都可以获得"红包"……这能够随时带给员工一些刺激性的、有趣的体验，而且通过移动互联网实现效率非常高，取得了很好的招聘宣传效果。

Y 公司还通过微信招聘公众号，定期发布推文，有关于公司近期发生的大事件、招聘活动信息、内部培训信息、员工活动信息、公司获奖信息、管理层发言、优秀员工宣传等，让所有关注公司招聘公众号的员工与外部候选人了解公司最新动态，形成较好的雇主品牌宣传效果。

通过这个招聘平台的运作，林枫总结出，HR 活动一定让员工觉得有趣、有料、有收获、有刺激感，才能取得比较好的宣传效果。Y 公司的候选人拒 offer 率，从 40% 下降到 8%，内部推荐在所有招聘渠道中所占的比例由 15% 提升到近 40%。

53. "外圣内王"的招聘修炼术

"外圣内王"是林枫在招聘工作中运用的方法。"外圣"就是提炼企业的独特形象，给候选人传递良好的公司形象，建设企业雇主品牌；"内王"就是加强面试官深度赋能、完善招聘面试工具、优化招聘流程等……这些都有利于吸引与甄别人才，提升招聘的效率与质量。

由于 Y 公司所处的行业比较细分，属于互联网云计算 SAAS（软件即服务）部署方式的一个细分领域，所以公众不太了解，对公司的企业形象认识比较模糊，甚至负责招聘的 HR 也不知道怎样全面、准确地介绍公司，这样对候选人的吸引效果是不好的。

林枫认为，有必要系统化的总结和提炼公司的独特形象信息，让面试官、HR 能够在短时间内通过系统化、形象化的语言，迅速知道公司是干什么的。

所以，林枫请招聘 HR 提炼出一个"花瓣"形状的独特企业形象，每一个花瓣分别代表公司所处的行业、公司的产品、公司的高管、公司的客户、公司的投资方……这样，只需要一页 PPT，应聘者就能够瞬间把握公司的核心关键信息，并能快速的、立体的了解公司，对公司有一个整体、全景的了解与把握。整合各种正面、核心的信息传递企业形象，是非常有冲击力、穿透力的，似乎把所有的力量集中在一个"拳头"上爆发出来了。

为了更精准地选才，林枫决定对面试官进行深度的赋能，他连续举办了三期面试官赋能，从人才需求分析、简历筛选到招聘渠道、招聘面试方法，再到薪酬谈判、背景调查等，全方位地给予面试官细致的指导，通过场景性的培训辅导方式，让面试官在实战式的场景中提升招聘面试技能水平。

另外，林枫还组织 HR 团队对招聘工具进行优化，比如完善了各专业的笔试题，增加了认知能力的测试、心理测评等，通过使用各种招聘工具，使招聘识别方法得到"升维"，让识人更加全面、准确。

54. CEO 的人才观

林枫经常和高德探讨人才问题，对于创业型企业需要什么样的人才、怎样吸引人才，高德也颇有体验，他提到的几个观点对林枫也非常有启发。

（1）我们要选好人才目标，也就是我们要找什么样的人？

我们要找那些非"螺旋形"发展的人（螺旋形发展就是有发展规律，沿着既定轨道逐步往上发展），就是有一定风险偏好，不给自己设上限，愿意"跃迁式"往上发展的人。

（2）我们怎样去找人？

招聘要定点突破，"成建制"地挖。要选好目标企业，找到突破口后，甚至找到"线人"，把人带过来。

（3）我们怎样吸引人才？

大公司有品牌，我们有什么？

第一，正确的方向，我们做的是的事业。

第二，更大的能力发挥空间，人才获得倍速增长的机会；大公司是有围墙的，你挑水来我织布，我们是跑马圈地，疆域无限大。

第三，更好的老师，有"牛人"在带你，中高层管理者去带

"小朋友"。

吸引人才不仅是谈薪，还要谈空间、谈发展。以上信息的沟通与传递比谈薪更重要。

对企业的"包装"应该是以应聘者能够接受的方式去宣传。

（4）我们要找到那些绩效结果希望做成，也能做成 S 和 A 的人（S 和 A 是 Y 公司绩效考核等级的最高、次高等），这些人得到 S 和 A 的概率也特别高。

我们不能跟这些人谈基本工资（我们不占优势），要跟这些人讲我们富有激励性的绩效工资、项目奖、年终奖金和股票。

要有导向性地谈薪，往"增量"的方向谈，要"打样"给应聘者看。比如我们的销售岗位、研发岗位，薪酬是什么样的；任务完成了，能够分得多少奖金。要找一个例子算给应聘者看，要让应聘者看到"增量"，而不是只看到"存量"。

55. 从招聘失败教训中得出的几点体验

第一点体验，创业型企业所需要的人才是有一定特点的，不同于成熟型企业，适合成熟型企业的人才很难适应创业型企业，一心想去成熟型企业的人才也许根本就不适合创业型企业。

Y 公司曾经找了一位已拿了另一家知名互联网企业（BAT 中的一家）的 offer 的候选人，Y 公司想方设法把他吸引过来，让他放弃了那家知名互联网企业的 offer，结果他入职三个月后就提出离职，又回去那家知名互联网企业了，也许成熟的大企业才是他真正想去的地方。

创业型企业需要的人才具备一些特点：

- 自我驱动：有强烈的愿望成为一个出类拔萃的人，而非安安稳稳过小日子。

- 专注纯粹：愿意对所做的事情投入 100% 的精力，而非总是想着给自己留条后路。

- 勇敢乐观：敢于挑战高难度的任务，而非畏首畏尾。

- 善于学习：拥有持续进步的能力，而非坐吃山空。

- 有责任心：看到问题能够指出问题并解决问题，而非视而不见或者抱怨别人。

也许这样的人才并不好找，但不要灰心，只要用心找，愿意等待，你会找到这样的人才的。因为人才总是扎堆聚集的，这就叫"物以类聚，人以群分"。如果你的要求很高，那么你就会有越来越多的高素质人才。如果你让平庸的人进入团队，那你就会让其他的人难过，最终让整个团队平庸。

第二点体验，招聘人才要宁缺毋滥，胜任能力一定要达标，不达标一定会出问题，录用后发现不行的人赶紧换掉。

比如 HR 团队由于急缺人手招聘 HR，面试了很多人都没有合适的，后来看到了一个素质一般，但对招聘工作非常感兴趣的 HR，也有一定的猎头公司工作经验的人才。因为他一心想做互联网行业的招聘，意向上比较符合，所以林枫和佳倩心一软，标准放低了招聘进来。结果发现这位 HR 的单兵作战能力、内驱力很弱，绩效一直上不去，整个团队的士气都受其影响，有的同事还私下抱怨"为什么这样的人也能在我们团队"。后来，林枫下决心请他离开，这件事情让他更加坚定了坚守招聘质量的决心，要把招聘质量作为人才招聘的生命线，"宁缺毋滥"，招到不合适的人管理成本更高。

同时，林枫也总结出招聘决策的几点原则：

一是基于组织、岗位的思考点：对方是否与我们是"同道中人"？是否每一项岗位核心能力都达到要求？他能否属于团队所缺少的"齿轮"，能使团队转得更好？

另外，对创业型企业而言，人才的保留成本是很高的。一个人招聘进来了，不一定能为你挣钱，但他一定是给你花钱的！所以，录用一个人之前，先问一个问题："他能否在两个月内给我们'挣钱'？"如果答案是否，就坚决放弃这个人。

二是基于人的思考点：他是不是身上 Shining 的那种人，他最闪亮的点在哪里，这个点是不是公司需要的价值点？他是否在本领域内属于 Top3 的人？你会不会毫不迟疑地录用他，甚至愿意以明显高于市场水平的薪酬把他吸引进来？

后续林枫在招聘录用决策时，包括 HR 同事、业务主管面试通过，把候选人推荐给林枫时，林枫一定会问这些问题，经过招聘实践验证，这样的"审问"会大幅提升招聘决策的准确率。

第三点体验，慎招异地的人才。在招聘异地人才方面，Y 公司也是吃了一些苦头，特别是招聘一些管理岗位人才，有的是从比较远的深圳、广州招聘过来的，还有的是在上海周边城市，如南京、杭州招聘过来的。后来发现有的候选人收到了 Y 公司的 offer，却因为家人极力反对到异地发展就放弃 offer 了，还有的入职几个月就离开了……这些情况让林枫反思，异地招聘人才是否合适，或者什么样的人可以考虑异地招聘。

后来，他分析出核心因素，就是候选人为什么选择到异地来工作，有没有一些关联性因素，比如他是否已成家，他对未来的工作与生活规划是什么，是否愿意长期在上海发展，能否搬家，或男女朋友能否一起过来，他的老家在什么地方，如果在上海周边，就有了离家近的便利条件……要分析对方到上海发展的合理动机，如果动机不合理，建议不要录用。

第四点体验，要重视背景调查。因为有 HR 同事在招聘某关键岗位时，背景调查没有做到位，导致用人出现失误，后续花了更多的成本去纠正。

所以，林枫向 HR 团队强调，一定要充分重视背景调查，背景调查是对候选人的"试金石"；做背景调查最有效的方式是通过人脉去联系曾与候选人共事的人了解候选人，所以建立人脉圈是非常重要的。通过背景调查可以看出来，保持良好的职业操守是多么重要，因为行业圈太小了，只需要一两个人、一两个电话就能把一个人的底细了解得清清楚楚。

八、赋能管理者与员工

56. 从带领"精兵强将"到带领
"乌合之众"

以前林枫是在世界 500 强企业工作，身边都是素质比较高、能力比较强的人才，毕业于国内外重点高校，或来自各大知名企业，也经过系统化、专业化、职业化的培训或职场熏陶，企业已经帮助你准备好了优秀的人才资源，你带领的是"精兵强将"，手里拿的是先进武器，而且每个人都能自动自发开展工作。因为内部有完善的绩效管理机制与竞争机制，自然管理效果明显。

而在创业型企业，特别是初始创业阶段，没有人愿意来这一穷二白、前程不测的企业，CEO 连保安、会计、出纳等角色都要兼任，让人愿意相信你过来一起干很不容易。那时候，只要是个人，能干活的都先招聘进来再说。所以，由于历史的原因，Y 企业的员工，有的只是中专、大专学历，有的知识技能不过关，有的缺乏职业素质，有的管理能力薄弱，你可能带的是一群"虾兵蟹将""乌合之众"。怎么办？

以前你带的是"精兵强将"，能够打大仗、打胜仗，而现在，你带的是"虾兵蟹将"，你还能继续打好仗、打胜仗吗？这个问题，是对所有加盟创业型企业的管理者的最大考验，不仅林枫，每一位从大企业跳槽过来的中高层管理者都在不断接受考验。

如何既能把事情做了，而且做得质量还不差，同时保证团队的向心力、凝聚力，这对每一个管理者来说都非常有挑战性。林枫在挑选管理者的时候，都会考察他能否保持自律并影响他人，是否具备带领"虾兵蟹将"队伍的能力，不仅要有比较好的包容性、开放性、忍耐力，还要有持续归零、持续学习的心态，让自己、他人做好定位、摆正位置，才能够带好这支从"青纱帐"里跑出来的队伍。

57. 把中高层管理者 involve 进赋能工作中

林枫面临着怎样提升管理者能力和员工能力的问题。对于管理者而言，主要是打好管理基本功；对员工而言，更多的是提升他们的职业素养，具备职业行为。

由于创业型企业成本控制严格，Y 公司较少引进外部讲师，一方面主要是费用问题；另一方面培训效果有较大的不确定性。所以，林枫提出要构建内部讲师队伍，并实施讲师激励政策，把更多的中高层管理者 involve 进来，参与培训赋能工作。

由于大家很少在内部讲课，不知内部反应如何，谁也不敢第一个尝试。林枫只好自己先去讲了两门课，然后亲自和高层沟通，把一位又一位的高层带入课程培训中，他们给新员工讲价值观，给管理者讲如何保留与激励员工，给全体员工讲他们比较擅长的业务领域经验（如销售、项目管理、财务管理等）。

在 Y 公司的大讲堂上，CEO 讲了"财务管理的本质"，执行副总裁讲了"销售管理"，研发副总裁讲了"项目管理"，测试总监讲了"从技术走向管理"，销售副总裁讲了"团队管理"，HRD 讲了"关键人才的保留与激励"……这些赋能课程在公司内部掀起了一轮又一轮的水波，并"震荡不断"地把能量传播出去。

开始时，是依靠林枫去开拓部分核心高层的讲师资源，后来他让培训主管去对接其他中高层的资源，慢慢地大家就乐意走上讲台，已经不需要林枫推动了。因为内部已经养成一种良性的分享知识与经验的习惯。

为了激励管理层参与培训赋能工作，一方面林枫让培训主管在公司微信群里进行"现场直播"，让员工有"现场感"，讲师有"存在感"；另一方面林枫推动建立讲师激励政策，给予一定的物质激励，提升大家讲课的意愿。有些管理者质疑是否需要对高层进行物质激励，林枫说："我们的讲师激励政策，首先要激励的就是高层，只有高层调动起来了，下面的中基层管理者才会效仿，才能被调动起来。"

面对那些一心埋头干活，不关心员工培训与培养的管理者，林枫向他们传递的理念是"如果你不培训其他人，自己就会累死"。

林枫对他们说："别看你在培训上花了时间，但其实是为工作节省了时间。因为你提升了他们的意识和能力，即使你是为周边部门做培训，他们的意识和能力提升了，对整个公司都是有益的。他们的工作效率提升了，对你们部门工作也是有促进作用的，这是多赢的事情。如果你不去培训其他人，你的团队和周边团队工作低效，你的工作也会更加吃力。"在林枫的"洗脑"下，管理层去给员工培训的意愿逐步被激发起来了。

58. 建立新员工"帮教带"计划

为了让新员工尽快胜任工作，Y 公司实施了新员工"帮带教"计划，就是给他们指定一个"带教人"，设定以岗位胜任能力提升为目标的培训课程、项目锻炼、一对一沟通辅导等。

公司对每个岗位都建立了应知应会的基础课程，以及进阶课程，新员工在完成第一部分应知应会课程之后，就进入进阶课程研修（比如行业案例学习、跨部门流程学习、领导力提升等）。在不断自我提升、逐步胜任岗位的过程中，员工比较有成就感；而管理者也被充分调动起来，参与带教新员工的工作。有的是跨团队的带教，有的是专门对员工某一项能力提升的带教。比如有些合伙人的销售能力很强，就让他们专门带教几位销售岗位新员工的销售能力提升；有些主管的方案能力很强，就让他们带教几位新员工的方案能力提升……这样，一个员工可能有 2 ~ 3 位"老师"在带教他的不同方面的能力，让不同老师的优势与特长能够得到多方面的融合，不只是一位老师进行单一的经验传授，因为每个人的经验都是局部的，不可能面面俱到。不同领域的专家参与带教工作，能够让新员工得到更全面的"营养成分"，更能"茁壮成长"。

59. 根据目标群体特点构建培训体系

林枫和 HR 同事讨论后，根据几类群体的特点，构建了公司的培训体系：

（1）新员工培训：主要针对入职新员工，加强其文化与环境的融入，掌握后续岗位工作所需的基础知识，课程主要为企业文化与核心价值观、CEO 对话、新老员工面对面、人力资源/财务/信息管理政策、公司基础产品知识等。

（2）岗位专业知识培训：这是针对每个岗位胜任工作设置的，包括应知应会课程、进阶课程等。

（3）员工通用能力培训：主要是针对员工应该具备的一些职场通用技能，比如商务礼仪与职业行为、办公软件使用技巧、公众演讲技巧、会议管理、时间管理、有效沟通、目标与计划管理等。

（4）管理者管理能力提升：根据管理者经验的多少，分为基础管理课程、高阶管理课程，课程构建的出发点是帮助管理者达成什么工作目标，从而思考发展哪些能力，进而构建课程体系（如表 8 - 1 所示）。

（5）公司大讲堂：是一种松散型的针对全员的课程体系，题材不限，可以与工作相关或不相关，授课人可以是公司管理层，也可以是普通员工，或者外部人员。比如有的员工讲"如何提升健身的效果"，有的员工讲摄影技巧，还邀请了外部投资方讲投资理念与策略等。

表 8-1　基于工作目标与能力发展的培训体系

对象	工作目标	发展能力	课程
管理者（高阶）	在不断变化的环境中制定战略，推动战略落地并产生绩效	战略管理的规划及落地	创新时代的战略管理 客户导向的企业战略
	改变自身思维和方法，推动具有创新条件的工作环境	驱动创新	创新项目管理 精益创新
		变革管理	如何驱动变革
管理者（基础）	有效地与同事和客户进行沟通，并且在沟通过程中建立信任、强化伙伴关系和达成期望的结果	有效沟通	高层管理者的沟通力
	正确评估员工，有效辅导并针对性地提升员工的绩效，同时进行物质及非物质激励，实现对员工的工作期望	团队管理	团队领导力
		团队管理（辅导、激励）	打造卓越的创业团队 团队管理基本功
		团队管理（提升绩效）	目标管理和绩效管理 构建高效执行力体系
		团队管理（选拔人才）	面试官技巧
	提升管理者的团队协助能力，辅助员工获得资源与支持，从而帮助员工完成其工作目标	资源协调能力/解决问题	双赢商务谈判 高效会议
	领导者作为团队的榜样，以身作则，从而在团队中发挥个人影响力，激发员工的忠诚与信任，使员工在危难时与公司共同进退	以身作则担责	商务礼仪与职业化素养 职业化核心能力建设
		团队管理（激发忠诚与信任）	留住人才
	通过高效管理，完成组织绩效	经营与成本意识	管理者财务思维
		计划与组织	时间管理
			精益管理

对象	工作目标	发展能力	课程
员工 （通用类）	有效沟通（基础能力）	有效沟通	卓有成效的沟通
	提供优质的客户服务	职业操守、客户意识	职业素养与商务礼仪 客户管理/有效处理客户投诉
	提升个人的工作效能	执行力、踏实肯干、持续学习	如何提升个人绩效 如何培养奋斗精神 如何实现自我学习和成长
	发挥团队最高的工作效益	团队合作、人际理解与交往	通过团队合作实现高绩效 人际交往能力提升

60. 实施新上任管理者转身计划

公司有部分管理者在试用期内存在流失情况，根据对离职人员进行访谈，总结这些管理者的离职原因：

- 不适应企业文化。

- 较难实现有效沟通与工作推动。

- 工作方式与管理方式不适应。

······

林枫了解过业界关于管理者新上任方面的研究成果，新上任管理者的转身期一般为 6 个月，转折点平均为 3.2 个月（对公司的价值创造起点）。在转身期对新任管理者进行过程辅导与赋能，帮助其尽快胜任新岗位工作，快速渡过转折点，产生价值贡献，降低失败的风险。

于是林枫发起了新任管理者转身项目，制定"新上岗管理者转身方案"，目的是帮助新上岗管理者更好地适应新环境、胜任新岗位、产生预期绩效贡献与价值。

新上岗管理者包括外部招聘或内部晋升的管理者，在转身方案中设置三个关键角色，包括：

- 直接主管：主要从工作方向上给予新上任管理者指导及资

源支持。

● 思想导师：主要帮助新上任管理者进行文化的融入、思想与心理上的引导、工作方法的分享。

● HRBP：跟进新上任管理者的转身计划，组织与协助开展直接主管、思想导师与新上任管理者的沟通与赋能工作。

新上任管理者在 HRBP、主管和思想导师的定期辅导和帮助下执行转身计划，尽快成功转身。如表 8-2 所示。

表 8-2 新上任管理者的转身工作计划

序号	内容	时间点	完成人员	所需附件
1	确认新任管理者 90 天转身项目中的主管、思想导师、HRBP 信息	上岗 day1	HR COE	启动通知邮件
2	新任管理者与主管、导师进行上岗沟通，为制定上岗转身计划输入信息	上岗 day2 - day4	新任管理者、主管、导师	新任管理者上岗转身计划表
3	HRBP 一对一辅导，并协助新任管理者制定上岗转身计划	上岗 day5	新任管理者、HRBP	新任管理者上岗转身计划表
4	新任管理者与主管、导师进行月度例行沟通辅导	月度	新任管理者、主管、导师	新任管理者上岗月度沟通表
5	对新任管理者转身情况进行三个月评估	上岗 day90	新任管理者、主管、导师、HRBP	新任管理者上岗转身计划表
6	对新任管理者转身情况进行六个月评估	上岗 day180	新任管理者、主管、导师、HRBP	新任管理者上岗转身计划表

根据林枫以往实践及了解业界经验，新上任管理者成功转身，需要思考如下问题：

（1）角色认知：如何为新角色的成功做准备？

● 思想上的转身：一切重新开始，避免陷入舒适区温柔的陷阱；尽可能多了解有关新角色的情况。

● 时间上的转身：按照新岗位的要求分配自己的时间。

● 技能上的转身：识别新岗位要求的自身弱项并制定解决方案；面对强项要考虑现在的环境是否有了变化，时刻提醒自己"有时成功也是失败之母"。

● 重新建立工作中的人际网络：获取能够帮助你成功的资源。

（2）目标导向：我该为哪些近期目标而努力，建立成功动能？

● 保证"速赢"的近期目标，将有助于建立信誉度。

● 识别不同类型的业务特点，采取相应的策略。

（3）我该怎样直接强影响力？

建立广泛的伙伴关系，增强影响力，保证业务成功。

● 找会无私帮助你的人。

● 找想跟你一起成功的人。

● 找能给你提供关键资源的人。

● 找能帮你吸引更多支持者的人。

（4）我如何在成功转身基础上带领团队更上一层楼？

● 对新岗位进行战略思考，并上下对齐。

● 让关键组织、系统、机制保持一致。

● 评估并适当调整现有团队。

● 理解并适配组织氛围与文化。

61. 要给下属影响你的机会

最近有几位新来的中层管理者来找林枫，说和上司 M 沟通很难，甚至是沟通无效。因为和领导沟通时，彼此都不能很好地领会对方想表达的意思，下属无论讲什么，上司都听不进去，没有做出回应，给下属的感觉是领导"置若罔闻"，就像你投了很多石子到水里，发现水面丝毫不起水花，你就会很失望。而上司在表达意见的时候，更多的是从自己的角度来说，似乎没有听到下属刚才说的内容，这让下属很有挫折感，同时也怀疑自己的沟通能力。这几位中层管理者都有同一个上司，他们先后找林枫倾诉。

林枫面对这几个管理者的"吐槽"，他认为，如果只是一个人反映这位上司沟通有问题，这位上司不见得在沟通方面真有问题；如果多人都反馈上司有问题，那这个上司一定是有需要提升之处的。所以他去找 M 沟通，并提及其下属反馈的情况（但没有提及下属的名字），了解 M 本人的想法，原来 M 也有沟通不畅的感受，他知道自己的沟通方式存在一些问题，但不知如何改进。

这个管理者有了改进意愿，林枫就可以进行针对性的辅导，他提到与员工沟通时要善于倾听，不仅仅是听了，而是真正听进去，要让下属有被接纳的感觉。如果对方说得有道理，管理者就要积极主动地做出调整与改变。

"其实，能在一定程度上影响上司，这是下属成就感的重要来源。如果有一天，下属发现再也影响不了上司了，也就是他快要离开上司了。所以，只要下属说的有道理，是有可取之处的，领导者大可加以采纳。即使只是接纳一部分，也要让下属看到你采纳了他的意见，并在实际行动中加以落实与改变，这带给下属的成就感是无与伦比的。

"另外，让信息更加透明与顺畅流动，每个员工不仅可以获得和自己工作相关的信息，还能获得其他同事？其他部门的信息，会让他们的工作更有成效。"

林枫最后做了一个精要的概括，听完林枫的分享，这位管理者深受启发，意识到自己的沟通风格、管理方式需要改变，并在实际行动中做出调整，进而取得了很好的效果，中层管理者对其评价逐步改善，使其工作更有干劲，显然受到了正面的激励。

62. 建立核心团队会议机制

林枫发现公司及各一级部门缺乏规范的重要事项决策机制，很多重要的决策往往是一两个高层商量确定了就执行，而其他高层看到发文才知道。中基层问起这些高层，他们只能回答："不知道，我也是刚看到发文，现在公司管理太乱了。"

这种情况会影响公司决策的公信力、权威性，而且在很大程度上打击其他高层的积极性，因为他们没有参与感，这不利于公司的长远发展。公司需要走向一个更均衡、更开放、更授权的决策机制，这样更能调动大家的积极性，形成"全营一杆枪"的统一目标与意志。

为了有效地组织与推动公司及各部门重要事项的沟通、决策与落地实施，促进公司决策更加规范化、透明化。林枫建议成立公司级及一级部门级的 CT（Core Team，核心团队）会议运作机制，以便让各位高层都有机会参与公司决策，让各位中层都能参与一级部门决策，公司的各项决策能够及时在中高层达成一致，并更好地向员工层面传达与落实。

该 CT（Core Team，核心团队）会议分为两个层级：

（1）公司级 CT 会议：月度召开，会议召集人及 CT 主任为公司 CEO，参会人员为各一级部门负责人（经公司审批并任命），其他列席人员根据议题需要而定，会议内容主要是讨论公司层面重要业务决策及重要人事决策。

（2）各一级部门 CT 会议：月度召开，会议召集人及 CT 主任为各一级部门负责人，参会人员由一级部门负责人指定人员，经公司审批并任命，其他列席人员根据议题需要而定，会议内容主要是讨论一级部门重要业务决策及本部门人事相关事项。

在林枫的大力推动下，公司先是成立了两个层级的 CT 会议运作机制，使各项业务决策、人事决策都能在会上得到广泛而充分的讨论，通过集思广益，大大提升了决策质量，公开透明也大大推动了各项工作的落地。

这个运作机制得到了各级管理者的普遍赞同，因为更符合企业治理的发展趋势，更能反映出群体的意志，让公司各层决策更合理、决策质量更高。

由此，林枫也深深体会到 HR 高管要深入公司治理的层面体现自己的价值。

63. 明确、清晰地向下属说出你的目的

林枫发现公司内存在这样一些管理者（其实在所有的企业都存在），他们在下属面前总是高深莫测，说事情模模糊糊、遮遮掩掩，总不说透、说不明白为什么要做这件事情，让下属自己去领悟；或者自己抱有一个目的，但绕了一大圈去说，反而让下属误解或曲解了……这些情况，导致下属摸不准上司的意图，私下嘀咕：他究竟想做什么，达到什么目的？

公司内还有一种现象，就是做一件事情，比如发布一项激励政策，里面掺杂了很多动机，然后加了层层约束条件，给人的感觉是目的不纯粹。结果这项政策发布实施以后，只取得一半的效果，犹如"半生不熟"的饭难以下咽，反而起到负面作用。

林枫看过很多这样的教训后，最后总结出一条：在企业里，每一项工作要体现出纯粹的目的，要给员工传递明确、清晰的导向信息，最好不要存在人为去澄清说明的必要，这样的效果是最好的。

林枫很喜欢《洛克菲勒留给儿子的38封信》这本书，其中的"第31封：做目的主义者"里，洛克菲勒写道：

我是一个目的主义者，我从不像有些人那样夸大目标的作用，却异常重视目的的功能。在我看来，目的是驱动我们潜能的关键，是主导一切的力量，它可以影响我们的行为，激励我们制造达到目的的手段。明确、果断的目的，更会让我们专注于所选择的方向，并尽力达成目标。

……

目的是我领导的依据，目的就是一切。我习惯于在做任何事情之前先确立目的，而且每天我都要设定目的，无数的目的，譬如与合伙人谈话的目的，召××议的目的，制定计划的目的，等等。我在做事之前也会先检视自己设定的目的。通常在我到达公司时，我已经成功做好了万全的准备。

……

如果你无法主动确立自己的目的，你就会被动或不自觉地选择其他目的，结果很可能会让你失去掌控全局的能力，同时你也将受制于使你分心或搅乱你的人或事件。

这就像将一艘游艇自码头松开绳索，而忘记了启动马达一样。你将随波逐流，海风、水流或其他船只随时都会让你葬身海底。也许对岸有好事等着你，但是除非奇迹出现，否则你无法顺利到达对岸。确立目的就如同开启游艇的引擎，能驱动你朝着所选择的道路前进。

但是，确立目的只是走到了成为目的主义者的中途，你还要走另一半路程，你需要毫无保留地向你的下属陈述你的目的——你个人的企图、动机与内心的战略计划。对于每一位需要了解我所要达成目的的人，我会向他们说明我的目的。在每次会谈、会议、报告中或事情开始阶段，我都会先表达出我的动机、想法及期望。

这样做的好处会让你感到惊讶。它不仅能使下属清楚你的目的，知晓正确的前进方向。最重要的是，当你勇于将目的开诚布公之后，你将收获情感上的忠诚。要知道忠诚是甘心效命的开始。

杰出的领导者都善于动用两种无形的力量：信任和尊重。当你诚实地说出目的时，也传递了这样的信息："因为我对你有足够的信任，所以我愿意向你表白。"它将开启让人信任你的大门，而在大门外，你拥抱的不仅是下属的能力，还有来自他们无价的忠诚——要凝聚力量来帮助你实现目的。信赖别人并使别人也信赖我，是我一生取得成就的重要原因。

公开你的目的，更能避免无益的推论。如果你不告诉下属你的目的，他们就会花时间猜想臆测你的目的，根据所能搜集到的蛛丝马迹进行推测，而这些信息很容易受到扭曲。只有不需要解读你的动机时，下属的士气与能力才有机会获得提升。所以，把下属当成"傻瓜"似乎更有利。

目的表明的力量是无可取代的，它所传达出的不仅是一项声明，同时也是领导者对于个人行为勇敢坚决的誓言。出自坚决意志与绝对韧性的目的，往往能够激励、鼓舞下属，使他们在以后的工作中能有更杰出的表现。

领导者的天职是发现问题，而解决问题要依靠下属，如何把下属调动起来，完成他们的职责是领导者第一考虑的要事。我认为，亮出你的目的，热情地对待每个人，就能得到你想要的。

目的就如同钻石：如果要它有价值，它必须是真实的。不诚恳的目的表白只会坏事。如果一个人滥用目的的力量，他只会破坏彼此间的信任，并失去别人的信赖。这就是表达目的的风险。

以上内容，林枫已经反复读过数遍，并经常与其他管理者分享，让他们明白，向员工清楚、明白地说出你的目的是多么重要，这样做能够引领他们跟随你一同去实现目标。

64. 以身作则是最好的领导

经常有管理者向林枫请教如何提升团队管理能力，林枫通常会先问一句："你要求团队成员做的事情，你自己做到了吗?"

他始终认为，作为管理者，自律是最重要的，管理好自己才能管理好他人，先改变自己才能改变他人。

接着，林枫会给管理者讲一段"威斯敏斯特大教堂的无名碑"的话，在这块墓碑上，刻着这样的一段话:

当我年轻的时候，我的想象力从没有受到过限制，我梦想改变这个世界。

当我成熟以后，我发现我不能改变这个世界，我决定只改变我的国家。但是，我的国家似乎也是我无法改变的。

当我进入暮年后，我发现我不能改变我的国家，我的最后愿望仅仅是改变一下我的家庭。但是，这也不可能。

当我躺在床上，行将就木时，我突然意识到:如果一开始我仅仅去改变自己，然后作为榜样，我可能改变我的家庭;在家人的帮助和鼓励下，我可能为国家做一些事情。然后谁知道呢?我甚至可能改变这个世界。

然后，林枫会和管理者分享，他是如何身体力行，给 HR 团队树立榜样的。比如在公司没有实施考勤制度的时候，林枫提倡部门员工 9 点钟上班，他自己首先做到了，而且风雨无阻。即使前一天加班到凌晨，他也会在 9 点前出现在办公室，部门全体员工看在眼里，都自动自发地做到了。所以，团队管理并不难，难的是你能否先做到，并坚持如一。以身作则不是塑造公司价值观的最好办法，而是唯一办法。

65. 留住人才的几个妙招

考察管理者的管理能力一定要从时间的维度看，林枫到 Y 公司一年后，他的团队成为公司内人员最稳定、团队士气最高、能力提升最快、绩效最突出的部门。公司内不少管理者都向林枫请教怎样留住人才，因为他们的部门人员流失严重。

于是，林枫专门开展了一次赋能培训，给管理层讲授自己保留人才的经验。具体内容如下：

第一，让员工有进步。对员工成长的关怀是最好的关怀。员工感觉最好的时候，不是做熟悉的事情，也不是做新的事情，而是有一部分熟悉，又有一部分新的事情，这样他们的进步是最大的，也是他们做事情的"甜蜜区"。

另外，鼓励员工进行自我学习及到外部学习。比如林枫鼓励 HR 团队积极参加外部的论坛，只要员工想去参加，他基本都会批准。要让员工知道，主管是鼓励他们成长的。

鼓励员工勤于总结，不要淹没在日常的例行工作中，被忙碌的工作麻木了神经，这会让执行工作成为一种惯性的动作并失去思考。要保持清醒的认知，寻找工作中可以改进的地方，并不断总结经验把事情做得更好。他建议员工每做一件事情都打一个小结，小结打多了，慢慢就结成了一张网，可以去"网鱼"了。在工作中注入"用心"，让工作变得有意义，这才是工作成就感的持续来源。

第二，让员工有价值感、有力感（是相对于"无力感"而言的，就是成就感）。如果员工持续感觉到，他无法改变现状，使不上劲儿，这是很可怕的。管理者要让员工感觉到，他是可以对身边的事情、身边的人、身边的局面，有所改变的。

作为管理者，可以通过两方面来做，首先就是倾听员工的话，而且要听进去，理解员工的话，并且对其中合理的部分给予赞同。另外，要让员工对身边的事情有改变的能力，帮助他们去实现这些改变，也让他们能改变自己的上司。当员工感觉到他们是可以在一定程度上改变上司的时候，他们会非常有成就感。

第三，保持公平客观，对事不对人。所以，当团队讨论问题时，一定要力求客观，对事情本身进行讨论，而不要对人进行评论。同时，对员工进行绩效评价时，一定要尽量摒弃自己的主观印象，而是通过事情本身去判断人。当讨论事情有分歧的时候，就和对方说："让我们回归到事情的原点，回到我们的出发点去看看——为什么我们要去做这件事情？我们最初想要的是什么？我们的标准是什么？"这样，你就会尽可能客观地看待这件事情。

第四，尽量给予员工人性化的关怀，从细节上用心去做。比如对员工做得比较好的事情，及时给予正面的肯定，可以是口头上的赞扬，也可以在微信群里"点赞"，或者给员工送一些小礼物（比如一本书、一个小零食、一杯咖啡或奶茶）。

有一个案例是，HR 部门获得了一笔业务部门分的奖金，林枫第一句话就是："我自己就不分了，全部分给大家。"这样会让员工觉得你是无私的，你是真正关怀他们的。

第五，对上争取资源给予团队支持。对上，要给团队争取更多的利益、更多的资源，这样团队可以做更多的事情；要帮助员工解决问题，特别是当他们有困难来找你的时候，你能从自己的角度给他们指导、资源，甚至帮助他们解决一些问题。

第六，原则性领导，你要逐步建立起管理原则、管理标准。通过一件件事情树立你的管理原则和标准，逐渐让你的团队知道你的原则是什么？你的标准是什么？慢慢地，整个团队都会按照这样的原则去做，你的团队就会形成你个人鲜明的特色。

第七，信息要及时同步。林枫有一个习惯，就是"信息同步不过夜"。发生一些事情的时候，及时告诉团队的相关成员，他们知道这个信息后，就可以往前推进工作了，团队的行动节奏就会加快。

第八，当下属来找你的时候，放下手里的活，第一时间处理下属的事情，这会让员工感觉到很受重视。

永远把下属的事情当作重要的事，当你帮助下属解决了问题的时候，他就不会停在那里，而是继续往前走；当你让两个、三个、四个、五个下属都解决了问题的时候，获得反馈的下属会继续往前走，你的整个团队都在不断地往前走，就不会因为你没有帮助下属解决问题，或者你没有决策，而导致他们只能停留在原地。

林枫说："有两类人来找我，我会第一时间处理。第一类就是高管，比如 CEO 和其他高管；第二类就是自己的下属。"他把这两类人基本放在同等重要的位置对待。

第九，塑造团队文化。"有什么样的分享方式，就有什么样的企业文化价值观；有什么样的价值观，就会有什么样的产品质量。"团队文化也一样，对于团队管理者而言，要考虑在团队内提倡与营造一种什么样的文化。这里,开放、分享、交流是很重要的,它决定了团队输出"产品"的质量。

从林枫个人的实践经验看,对事严苛、对人柔和、简单高效、开放分享的团队文化,能够取得比较好的效果。通过"管事"去"管好人",通过"做事"去"带人",通过客观地处理事情,在做事中把人的价值观塑造好。

九、沟通，是个大问题

66. 沟通的"麻袋"处处是"漏洞"

经过一段时间的观察，林枫发现，沟通可能是公司存在的最大问题，这也许是创业型企业的通病。一方面正规的沟通机制没有建立起来；另一方面来自不同行业、不同类型与规模的企业，不同职类特点的管理者与员工，在文化背景、思维方式上，彼此存在着较大的差异性，导致大家的沟通风格与方式、沟通语言、沟通关注点、沟通节奏都有较大的差异，加上业务部门工作非常忙，大家很难抽出时间来一起好好沟通，特别是多方的沟通。

很多来自于中小企业的员工，由于没有经过外企或大企业正规化的培训或训练，缺乏职业化的工作习惯，沟通意识、沟通能力缺失，导致沟通处处是漏洞，沟通变成了随时随地都可能出现问题的事情，就像一个"大麻袋"，处处都是有漏洞。

（1）"单点沟通"造成的问题。

林枫发现，很多时候沟通出现问题，是因为信息没有在同一个平面上达成一致，导致信息不对称。

比如 A 管理者单点找 B 管理者沟通，沟通确认后就推进事情了，其实这件事情还涉及管理者 C，是需要管理者 C 支持与配合的。但因为前期没有和管理者 C 沟通，导致初始的沟通就是缺失的，后面碰到的情形就比较尴尬，就是管理者 C 坚决不认这个沟通结果，也不愿意配合。

还有一种情况，管理者 A 与管理者 B 沟通是一个结论，而管理者 A 与管理者 C 沟通又是另一个结论，两者的信息是不对称的，因为大家没有坐在一起沟通。

针对上述情况，林枫倡导相关利益者尽可能在一起沟通讨论，达成一致。在沟通过程中，要及时信息互动，把信息状态拉齐到一个平面上。他提出"信息对称不过夜"的方法，就是有新的信息进展，要及时同步给其他相关人员，当天的信息同步不要等到第二天才传递出去，而要在当天就传递出去，否则很容易遗漏。

（2）评审关键时刻缺位，不认结果。

在有些关键事项的讨论会上，只有其中几方沟通，却缺失了重要的利益相关方。有时是组织者遗漏了，有时是对方没有时间参加，这导致有些关键的评审决策者、重要角色没有参与，当某件事情决策之后，通过会议纪要的方式发送出去，但没有要求大家回复确认，以致在执行过程中，没有参会的人员不认这个结果，导致又出现沟通问题。

因此，要确保利益相关人都能够参与决策的过程，都能够发表意见，这很重要。

（3）为了吸引候选人"画大饼"，事后不能兑现。

公司还出现过管理者事先承诺的问题，就是对候选人或员工承诺了一些不应该承诺或承诺不了的事情。这种情况在一些管理成熟度不高的管理者身上时有发生，承诺后自己忘记了，但员工没有忘记，到一定时候就过来讨要说法。这时候，管理者反而沉默了，就让 HR 部门来"背锅"。

比如某业务部门主管，轻易给候选人承诺多长时间内可以调薪、发放多少奖金，或者试用期后将把他提拔到某个关键岗位上去……这种承诺是违反组织决策流程的，导致最后没有办法兑现，候选人有很大的意见，甚至提出离职。

在沟通绩效的时候，主管也会存在同样的情况，轻易承诺员工一些特殊的事情，比如承诺下一周期他的绩效考核结果，或者是答应给他调岗调薪……这种情况，在没有和人力资源部门沟通，也没有向 CEO 汇报审批的情况下，就轻易给对方承诺，会导致员工产生心理期待，最后期待落空产生投诉现象，也给组织的权威造成损害。

（4）信息从高层就断了，中层更传不下去。

沟通的断层，也是一个突出的问题。有的信息在高层沟通好了，但是高层没有往下一层传递，就算传递到了中层，中层又不会向基层传递……这样沟通链条层层断裂，导致每一个信息的传递都是不到位的。

林枫一方面要求各层级管理者要有往下沟通传递的意识；另一方面也要求 HR 团队，对于 HR 相关的信息要沟通到位。重要的 HR 事项，不能只是在大范围的"面"上沟通，还需要在小范围内沟通。比如通过各类会议去沟通，一个又一个部门去沟通，总有一些特殊的部门、人员是需要特别留意、沟通到位的。沟通要化整为零，区分对象的重要程度，以及对该项工作的理解程度，沟通到"点"上，这样的沟通才能有穿透性。另外，沟通要尽量提前，提前沟通比事后沟通效果要好得多。这就是创业公司的特点。

（5）沟通缺失导致高层被罚款。

在一次发放季度奖金时，由于临时规则有了变化，却没有把强相关的利益相关人员拉进来沟通，而是在部分高管沟通确定后，就直接计算奖金，发给业务主管奖金分配的数据，这导致业务团队发生很大的反弹。大家意见很大的原因是他们较早前已经和自己的团队成员沟通了之前的规则，临时改变规则会使大家的奖金减半，在挫伤团队积极性的同时，更会造成业务主管对团队成员的失信，有些业务人员甚至以"辞职"相逼，让当初参与决策的高层面面相觑。

经过管理层讨论，这其实是沟通缺失导致的。在讨论政策时只是小部分高管沟通确定，而最强相关的"被发钱"部门的高管却没有参与整个讨论决策的过程，"被发钱"部门一直认为以前的规则是有效的，没想到临时改变规则，却被告知去执行。最后，为了体现管理层的担当，以及提升大家的沟通意识，当初参与决策的几位高管主动承担了这部分费用。

创业型企业不像规范的大企业，一个邮件就解决了绝大部分的问题，加上大企业中已反复做过很多管理动作，大家天然就对这些事情的理解、接受程度比较高，不像创业型企业，只是第一次做，很多事情还要"滚一遍地雷"。如果你不提前去"排好雷"，直接上场就很容易"引爆"并被"炸伤"。

（6）"为公司好"却给公司造成长久伤害。

有些管理者或员工，以"为公司好"的名义，随意指责他人，甚至肆意进行情感宣泄，在会议上"相互撕"，结果让他人"无地自容"，内心"受伤"。有些优秀员工还因此提出离职。对这些管理者或员工造成的消极影响，旁人只要说一句"他的心是好的，是为公司好"，就可以抚平一切，获得周边的谅解。

这样的非理性沟通方式，看上去好像是"为公司好"，其实对公司造成了长远的伤害：优秀员工的流失，组织理性沟通的缺失，职业化行为的丧失。从普通员工的角度看，会认为公司没有规矩，员工缺乏职业素养。如果管理者有这种不良的沟通方式，是会上行下效的，不良的风气会蔓延，消极的情绪是会传染的。所以，"为公司好"不应该成为伤害别人的借口。

67. 绩效目标"由上而下"的设定与沟通

林枫以前工作的企业，绩效目标很多时候是由下而上做的，也就是员工写好了目标与主管沟通，最终达成一致；或者由上而下、由下而上相结合来做，就是主管先告知员工组织的目标是什么，组织的目标有哪些可以分解到哪些岗位上，然后员工根据所在岗位的职责，细化承接组织的目标，再加上从岗位职责提炼出来的绩效目标，形成该岗位总体的绩效目标，再与主管沟通达成一致。

在 Y 公司开展绩效目标设定工作之后，林枫发现由下而上来做非常困难，员工几乎做不出来。一方面员工不清楚他所在岗位的职责、重点工作是什么，很难把岗位职责、重点工作转化为绩效指标；另一方面很多员工没有经过大公司的职业化训练，不具备提炼绩效目标的思维、方法与能力。

而 Y 公司营销事业部很多岗位都是批量化的，一个岗位可能就有 10～20 个员工，多的 30～40 个员工，他们的绩效指标是一样的，但指标值会有差异。而在绩效考核的时候，并不是单纯地按照指标值的达成绝对值进行评判，而是按照各人指标值达成的相对值（排序情况）来确定绩效等级，比如前 10% 为 S、前 10% ~40% 为 A 等……

针对这种情况，营销事业部管理层认为，不需要让单个员工来做绩效目标，而且他们也做不出来，建议 PMO 部门（项目管理办公室）来统一制定。因为 PMO 专家们对各岗位的情况比较了解，也具备专业性的思维，能够提炼出各岗位的关键绩效指标。

后来，该事业部就按照这个流程来设定各岗位员工的绩效目标了，即上面的 PMO 部门先做好了，然后发下去征求意见，根据相关意见修改后，各部门主管再与员工沟通，双方签字……这个流程放在大企业中是很奇怪的，是创业型企业（和行业也有关系）在特殊场景下因时因地制宜的方法。

68. 绩效沟通：从"补课"到"预习"

Y公司第一次开展绩效考核的时候，选取了一个事业部先做试点，由于第一次工作开展得特别仓促，刚好赶在工资发放前一天才把绩效考核的结果确定下来，然后就没有绩效沟通的时间了，因为第二天就要发工资了。

这导致绩效结果应用了，再回过头来"补课"做绩效沟通。效果当然很不好，因为有的员工发现他的绩效工资比上个月少了，就会询问、产生意见；有的员工还会抱怨和投诉……这时候主管和HR再去解释，对方就比较难接受。如果是事先做了绩效沟通，让员工有心理准备，就会是完全不同的效果。

所以，公司后续开展绩效考核时，把整个流程都提前了，特别对绩效沟通环节打了很多提前量，把原来的"补习"改为"预习"，留给业务主管足够的时间去与员工沟通，把沟通做细、做透、做到位，这样就很少产生异议了。

69. 做好全员都讲一遍的准备，而且是反复讲

高德曾和林枫说："你要有心理准备，也许一件关键的事情，这个组织里的每一位员工，你都要沟通一遍，也许沟通一遍还不行，可能需要沟通好几遍。"

林枫已经有了经验，也做好了心理准备，沟通要"走五遍"。有的事情讲一遍对方还不理解、不认同，就讲第二遍、第三遍……直到讲五遍之后，如果对方还不认同，这才可以放弃。抱着这样的心态，林枫反而轻松了，因为无论多么难的事情，往往沟通一次、两次，最多三次对方就接受了，根本不需要沟通五次。

特别是对于关键性的 HR 政策的发布，在发布政策前，先做预热、吹风和松土的工作，然后才正式"进场"。这个过程要反复沟通，然后对方案进行修正，提前征求意见是一种很好的方式，相当于提前把相关利益人都沟通到位了，这样做才不至于在发布政策的时候面临很大的阻力。发布政策后，林枫要求 HR 团队把政策务必传达给每一个人，将政策传递到位。

以前 HR 部门工作在"面"上的宣导比较多，比如通过邮件、会议的宣传，但林枫发现宣传效果是有限的，他要求 HR 团

队要多在点上与主管、员工沟通。对于创业型企业来说，其实点对点沟通是最有效的沟通方式。

林枫看了一本书《硬球——政治是这样玩的》，让他印象最深的方法是"零售政治"，就是政界人物为了在竞争中胜出而采取的在私下场合一对一、点对点的沟通，这是获得别人支持的最好方式。直接指向某个人，而不是广撒网、广撒胡椒面，这样的沟通效果是最好的。

林枫一直在大企业工作，大企业的沟通方式更多的是面上的沟通，就是发邮件、开动员会，把事情布置下去就行了。而创业型企业则不然，业务主管、员工缺少管理上的认识，能力也比较欠缺，所以更需要点对点的沟通与服务。特别是 HRBP，更要有沟通到"点"上的意识，要解决问题、要见成效。

考勤管理规则是林枫颇费周折才推行下去的，因为刚开始的版本都是刚性的政策，里面有很多奖惩条款，部分主管和员工反馈，看了这个政策内心很抗拒与反感。后来，林枫就改了一个口径，说此举就是为了"规范员工的上下班"，并去掉了很多奖惩条文，用更简洁、更亲近的方式表达，然后先从中高层开始宣传，获得他们的认可与支持后再向基层宣传，最后政策推行取得了很好的效果，员工的接受度大大提升。

林枫从中总结出一些经验，推行任何新的政策，都需要先想好目标与出发点，广泛地沟通与征求意见，并从员工的角度思考怎样才是比较容易接受的方式，从而调整政策推行的方式、节奏等。最重要的是，前期一定要沟通到位，让中高层管理者们先理解和支持，再逐步往下推行。

70. 沟通要先建立好情感连接，做好心理建设

林枫之前所在的企业，由于整体风格是比较职业化的，而且大家工作都很忙，内部氛围是聚焦做事为主，所以内部沟通的风格就是直来直去，同事间一见面，即使不认识的同事，也可以和对方直接谈事情。

林枫到了 Y 公司以后，也采用同样的沟通方式，和其他高层也是这样。他过于专注事情，有事情直接去找其他高管，说完事情就走，完全不说一句废话。后来林枫发现，他很长一段时间都没有和其他高管建立起比较好的情感连接，只是就事论事的工作沟通，他发现这样的沟通效果并不好，就开始自我反思。

一次偶然的机会，林枫和同事一起拜访公司的一个投资方，投资方的 COO Lisa 是个非常有人格魅力的女性，情商极高，人际理解力超强，和她沟通就像和一位知心大姐姐沟通，很有亲切感与信任感，有一种如沐春风的感觉。

Lisa 在和林枫聊到沟通问题时，说自己在与别人沟通时，特别是在重要的场合，会先打好"感情牌"。也就是开始的时候和对方先"对上感觉"，再谈具体的事情，这就是先建立情感连接。

这就像电影《阿凡达》中，阿凡达首次驯服飞兽的过程，有一个起了关键作用的细节，就是阿凡达和对方建立了连接纽带，然后飞兽就瞬间被征服了。在人与人的交往过程中，这种情感上的连接纽带是非常重要的。

建立连接纽带往往需要借助一些媒介，比如喝咖啡、喝茶、抽烟，甚至喝酒等，都是情感连接的方式。通过这些媒介，往往能够在瞬间形成良好的情感连接。如果没有媒介，也没有情感上的铺垫，直接生硬地做事，导致双方很难友好地沟通下去。

所以，在沟通前先寒暄几句，聊一些不相关的事情，然后再步入正题、谈正事，效果会比较好。也就是要先做好"软性营销"的工作，这是沟通中的一个很重要的技巧。

在拜访 Lisa 那天晚上，林枫和同事与 Lisa 一起共进晚餐，大家相谈甚欢。最后分开时，Lisa 讲了一句话，林枫记住了，也许一生都不会忘记："也许过了很多年，你再也记不住和对方沟通的具体内容，但是你会记住那天沟通的感觉。"

在谈具体的事情的时候，要先解决理念与意识的问题，再谈解决问题的方法，理念和意识达到了、说通了，后面谈问题解决方法就很容易去落地。因此，不要一开始就谈事情或要求对方做什么，一开始要先破冰，要"暖场"，先解决好意识和理念层面的问题，然后再提出解决问题的方案。在沟通的全程中，不仅要解决实质层面的问题（讨论事情的解决方案，追求结果），还要解决心理层面的建设问题（关注对方的心理感受、接受度）。这两方面要同步推进。

关于沟通，高德曾说过一句话，林枫一直都记着："沟通的基础是信任，没有信任，沟通的基础是不好的。信任一定是交心的沟通。沟通最大的障碍是对自己不够自信，对别人不够了解或者理解。如能承认自己不行，逐步改变自己、打开自己，从上下打开，从左右打开，才能获得别人的信任，建立良好的情感连接。"

71. 要有"搭台子"意识，信息当天要同步

营销事业部 HRBP 邱俊遇到一些问题，涉及比较深的业务层面，以及多个部门、岗位，但他对业务不是很了解，比如业务部门人力效能的提升工作，事业部总经理希望邱俊去推动解决，这时候怎么办？

如果邱俊直接干预各业务部门，这些部门的主管可能会不爽，加上他对业务了解不深，很难说透做透，自己也没有那么多精力牵扯进去。事业部有一百多人，自己就算花一个月时间也未必能跟进落实到位。

邱俊来向林枫求助，林枫说："这类事情最重要的不是你亲自去干，而是说服业务主管去落地，把各层业务主管动员起来，才能够落实到位。我们 HR 更多的是'搭台子'，创造一个平台让业务主管相互沟通、讨论，一定要让利益相关方都在同一个平面上，特别是一把手要在，让大家充分发表意见，讨论解决方案并达成一致，然后定期召开进展审视会议……这样，HRBP 搭起了'台子'，构建了机制，让业务主管去'唱戏'，他们才会真正'入戏'。"

还有一个需要注意的地方，就是关键的信息一定要及时同

步，如果不及时同步，很快就会被忘记。当你往前走的时候，该知道这个信息的人却不知道，导致你往前走了很长一段路，才发现对方还在原地。这时候你让他去配合你是很困难的，他会有抗拒心理，觉得你忽略了他。所以，信息的沟通同步是非常重要的，信息同步不要"过夜"，有时候只是发一个信息、发一封邮件，或者打一个电话；或者在迎面碰到的时候，简单的一两句话就解决了信息同步问题。

72. 沟通冲突引出的"三条军规"

在进入公司五个月的时候，林枫中遇到了最严重的一次沟通冲突问题。有一位高管由于一件很小的事情，在30多人的公司管理层微信群里，以非常不友好的态度，公开质疑人力资源部的招聘流程，言辞非常激烈，具有压迫性，甚至有一些人身攻击的味道。面对部门的威信与本人的尊严受损的情况，林枫该如何应对？

这时候，林枫想起了一句话："冷静，是一种很有力量的情绪。"他知道，在对方很不冷静的情况下，自己必须保持冷静。他告诉自己："在对方越冲动的时候，自己越要冷静。"

所以他给自己画了明确的边界，要聚焦解决问题，就事论事，无论对方如何挑衅，绝不越出边界一步，绝不回应除了解决问题以外的其他问题。这样，他就把事情"封装"在一个很小的"解决问题"的范围内，然后沉着应对，一步步逼近问题解决的中心。最后，经过 HR 团队的通力协作，高效地处理好了这件事情，对方关注的问题得到解决，就会冷静下来。

这时候，林枫才回过头来，平和地告诉对方，其实他当时只要发一个信息或打一个电话，这件事情就可以得到快速处理与解决，而不用通过这么极端与剧烈的方式去解决，这对组织的损伤是很大的，会造成内部人际关系的"内伤"。

林枫很喜欢一句话："人生有几件绝对不能失去的东西：自制的力量、冷静的头脑、希望和信心。"这句话时刻提醒林枫永远都不要失去自制的力量，永远都要保持冷静的头脑，以及永远都有希望和信心。一旦失去了自制和冷静，世界或你自己就会陷入疯狂，就会失去理性，导致无法挽回的恶劣的消极后果。因此，林枫要求自己从更高、更远的角度来看待眼前发生的问题，要利用逆风的力量，让自己飞得更高，要把危机变成机遇。

在另一个场合，也是由于一件小事情，两位管理者在一个比较大的微信群里，公开"对骂"，造成了很恶劣的影响。这种沟通方式，可以称为"破坏式的沟通"，它的特点是，带着强烈的情绪去沟通，不惜用言语的利刃无情地刺伤对方，压迫式地解决问题，只追求一方目标的达成，不考虑后果，通过一种极端的、推至极致的沟通方式，把事情说得最绝，把情绪用得最尽，把底牌亮出来，让双方都无路可退，甚至"以辞职相逼"……这种破坏式沟通，最后好像是把事做成了，但是把所有的退路都毁了，把所有的面子都"刮"没了，是具有毁灭性的、不可逆的、不可再生的后果，造成的裂痕也许再也无法弥补如初，就像玻璃破碎了就不能复原一样，对组织的伤害与负面作用之大，也许是无法想象的。

随后，林枫在公司内组织了以沟通为主题的研讨会，他选用了一些内外部案例让大家进行讨论，比如以下就是大家讨论最激烈、引起共鸣最多的一个外部案例——"史上最牛女秘书"事件。

下班锁门引起总裁不满

某外企总裁回办公室取东西，到门口才发现自己没带钥匙。此时他的私人秘书已经下班，总裁试图联系后者未果。数小时后，总裁还是难抑怒火，于是在凌晨通过内部电子邮件系统给秘书发了一封措辞严厉且语气生硬的"谴责信"。

总裁在这封用英文写就的邮件中说："我曾告诉过你，想东西、做事情不要想当然！结果今天晚上你就把我锁在门外，我要取的东西都还在办公室里。问题在于你自以为是地认为我随身带了钥匙。从现在起，无论是午餐时段还是晚上下班后，你要跟你服务的每一名经理都确认无事后才能离开办公室，明白了吗？"（事实上，英文原信的口气比上述译文激烈得多）。总裁在发送这封邮件的时候，同时传给了公司的几位高管。

秘书回了咄咄逼人的邮件

两天后，秘书在邮件中回复："第一，我做这件事是完全正确的，我锁门是从安全角度考虑的，一旦丢了东西，我无法承担这个责任。第二，你有钥匙，你自己忘了带，还要说别人不对。造成这件事的主要原因都是你自己，不要把自己的错误转移到别人的身上。第三，你无权干涉和控制我的私人时间，我一天就8小时工作时间，请你记住中午和晚上下班的时间都是我的私人时间。第四，从到公司的第一天到现在为止，我工作尽职尽责，也加过很多次的班，我也没有任何怨言，但是如果你们要求我加班是为了工作以外的事情，我无法做到。第五，虽然咱们是上下级的关系，也请你注意一下你说话的语气，这是做人最基本的礼貌问题。第六，我要在这儿强调一下，我并没有猜想或者假定什么，因为我没有这个时间也没有这个必要。"

本来，这封咄咄逼人的回信已经够令人吃惊了，但是秘书选择了更加过火的做法。她回信的对象选择了公司的所有中国分部，导致所有中国区域的员工都收到了这封邮件。

在大家充分讨论后，林枫提出这个案例揭示出来的教训：一是双方怒火中烧，导致情绪失控；二是小事化大、大事化恶，进展失控；三是秘书回复邮件收件人范围，影响失控；四是挑战职场明规则和潜规则，职位失控。

在此基础上，林枫提出了沟通的"三条军规"，并对公司全员发布，得到了大家的认可。这几条沟通"军规"成了公司避免冲突的原则：

（1）聚焦解决问题，就事论事，实事求是。

（2）鼓励当事人直接沟通解决问题，点对点沟通，小范围沟通。

（3）在公开场合多表扬，少批评，提意见尽量在私下场合。

林枫在研讨会上，还重点强调了沟通中"保持在当下"的重要性，也就是把注意力保持在对方身上。他用《洛克菲勒留给儿子的 38 封信》中的一段话来说明这个道理：

当你和别人相处的时候，也应该像你在读书一样，一定要集中精力。读书的时候，要将全部的精力都集中到书本的内容中；与别人相处的时候，将注意力倾注到自己的所见所闻里，这一点很重要。

优雅得体的行为举止、温文尔雅的良好素质、干净利落的衣着打扮、高亢清晰的言语、开朗舒展的表情、健康积极的心态，以及和别人交往的方式，无疑是紧紧抓住别人心灵的重要要素。

　　沟通是林枫耗费心力最多的事情，他已形成时刻沟通的意识，并建立了几条核心原则：沟通一定要提前做，沟通一定要及时，沟通一定要到位，沟通要准备好做多次，沟通要以多种方式灵活开展。

　　林枫也要求 HR 团队要时刻记住，沟通一定要往下沉一层，再往下沉一层，确保信息穿透到位。以前应该由业务主管往下一层去传递的信息，现在 HR 也把那一层给传递到位了。也许这就是沟通无极限的道理。

十、建好 HR 的基础设施，留下组织资产

73. 用 20% 的时间建设"基础设施"

林枫对自己的工作定位是，用70%～80%的时间与精力，支撑一线作战（这里的一线，既包括营销部门，也包括研发部门），给他们提供充足的"炮弹"，并做好服务；剩下20%～30%的时间花在 HR 基础工作建设方面（林枫称之为"HR 基础设施建设"）。

这些 HR 基础管理工作，虽然从短期看，不见得非常紧急重要，但是对于公司长远发展来说是非常重要的，这些"基础设施"就好像水利工程一样，建好了就可以一直运转，长流不息。

这其实是公司在管理上的"战略控制点"，因为队伍在往前冲的时候，会遇到困难与挫折，甚至遭遇溃败，队伍一下子就被冲散了。但是如果你有了这些"战略控制点"，就像能够提供保护的屏障与城池，你的队伍就可以往后撤到这些保护设施中，以致我们的组织建制不被打散，我们的队伍不至于溃败。

所以，林枫认为"基础设施建设"是"利在当代，功在千秋"的事情，做这些事情是为了公司的长远发展，就算有一天，自己离开了这个公司，或者 HR 团队的某些人离开了公司，但 HR 的基础设施、管理机制还在，业务流就不会因为人的离开而中断，系统也不会因此而瘫痪或崩溃。

后来林枫和高德谈论起这个观点，高德表示认可，他认为一个好的 Leader，他离开的时候，应该留下这三样东西：好的经营结果或绩效成果、好的团队、好的"组织资产"。其中，这个"组织资产"就是林枫所提到的"基础设施"。

74. 铺好 HR 系统的"基石"

有几项工作可以说是 HR 系统的基石，包括职位职级体系、职级薪酬框架、公司素质模型、岗位胜任力体系，这些基石一旦铺好，其他 HR 工作就像车子，可以在这个坚实的"路面"上行驶了，比如招聘选拔、晋升调薪、培训发展、降职淘汰等工作，都是需要建立在这几个"基石"基础上的。

（1）职位职级体系。

职位职级体系建设是 HR 系统运行的第一块"基石"，所有的 HR 工作几乎都离不开它。公司的职位职级体系，包括职位序列、职位职级两大项内容。职位序列代表了公司的业务性质、业务领域、业务流程在职位上的体现；而职位职级代表了公司不同职位在公司内的相对价值权重，相当于用一把尺子去量好所有的岗位。

Y 公司的职位序列，分为五类：产品类（P 序列）、技术类（T 序列）、商业类（C 序列）、职能类（S 序列）、管理类（M 序列）；而不同序列中，分别有不同的职级体系。

在职位职级的基础上，延伸出来公司的职位发展路径、晋升机制、调动机制等，而招聘、考核、培训等工作也是针对职位来开展的。所以，林枫从一开始，就开始构建这项 HR 基础工作。表 10 - 1 是职位职级建设工作开展的一些基本概念。

表 10 - 1　职位职级体系相关概念

项　目	子项目	说　明
职位类别	族	按业务流程划分，体现公司层级的流程
	类	按工作性质划分，体现满足客户要求的绩效贡献性质和实践技能性质
	子类	按工作领域划分，体现工作范围和知识领域
职级	/	体现职位在组织中的相对价值，基于当前业务可以明确的责任贡献、任职能力、复杂度等要求，应用"三维度八要素"工具，评估确定各专业领域职位序列顶点和起点的职级（职位序列高低设置）
职位名称	/	各个职位在对内、对外业务中使用的头衔
任职资格	/	能胜任该职位的基本资格，如专业知识、专业技能、能力、经验等
专业领域等级	/	承担该职位所需要的本组织内相关业务领域的专业等级

（2）职级薪酬框架。

在确定了公司的职位职级框架后，林枫与 HR 团队开始构建公司的职级薪酬框架，这是以职级为主要维度，不同的职级对应着不同的薪酬范围。比如技术类（T 序列）有 T1 到 T11 职级，每个职级有不同的薪酬范围，这个薪酬范围又分为 A、B、C 三档。

对于职级薪酬框架，在确定的时候，一方面要确保它的竞争性，也就是它在未来两年内是有足够的市场竞争力的；另一方面要确保对内的公平性，要能基本覆盖内部员工目前的薪酬水平，以及外部招聘人员的定薪。

确定了职级薪酬框架之后，林枫组织对公司所有人的职位职级都做了一个"初始化"，并根据新的职位薪酬框架进行了调薪。调薪的原则：一是员工目前薪酬水平与市场薪酬水平的对比，与市场水平差距越大，薪酬的调整幅度越大；二是员工的绩效情况，员工绩效越好，调整的幅度越大；三是一次性解决历史遗留问题（因为老员工的薪酬普遍偏低），让所有员工回到统一的"起跑线"上。

通过定岗定薪工作，Y 公司把所有的人匹配到合理的岗位上，让所有的岗位得到相应的报酬。最终，Y 公司形成了十六字的岗位职级与薪酬管理方针：

- 以岗定级：客观合理地衡量各个岗位对组织的相对价值贡献（职级）。
- 以级定薪：基于岗位相对价值贡献（职级），确定岗位薪酬。
- 人岗匹配：给每位员工评定合理的岗位与职级。
- 异岗异薪：基于员工的岗位与职级，支付对应的薪酬。

（3）部门职责与岗位胜任力。

林枫发现各部门存在一些扯皮的现象，是和部门边界不清有关系的，再往下寻找根因，原来是和各部门的职责缺失有关系；不仅部门职责是缺失的，岗位职责也是缺失的（岗位职责是从部门职责分解出来的），更没有相关岗位的任职资格、核心胜任力、绩效目标；但我们对人的评估、发展，都是建立在岗位的职责、任职条件、胜任力与绩效目标的基础上的。

虽然这块"基石"很大，但林枫还是决心把它填补上去。他组织 HR 团队、业务部门从梳理部门职责开始，到梳理岗位职责，确定绩效目标，然后明确岗位的任职资格（含知识、技能、工作经验等），并深化提炼岗位核心胜任能力。在这个基础上，林枫和同事们还进一步分析出各个岗位的应知应会课程、进阶赋能课程。

当林枫和同事们花了一个季度把这些内容都梳理完毕，他长长舒了一口气，在 HR 基础建设中最难啃的一块骨头，终于被啃下来了。这项工作的完成必将成为 Y 公司人力资源体系发展上的里程碑，并在日后的各项 HR 工作开展中发挥巨大的作用。

（4）构建"三位一体"素质模型。

为了给公司内部招聘、培训赋能、人才晋升与选拔提供参考，林枫又带领 HR 团队制定公司素质模型（含通用素质模型、管理者素质模型、职类素质模型）。

这次素质模型的构建遵循以下的方法论与步骤：

• 业界优秀企业素质模型研究：研究和分析了十多家国内外知名企业（特别是互联网企业）的素质模型，并吸取了其中的宝贵经验。

• 绩优员工访谈：抽样选取了为近两年价值观与绩效考评为优秀的人员，样本数占组织总人数约 10%，涵盖各个部门的人员（按总人数比例分布）。

• 管理层审核与优化：素质模型初步成果发给中高层广泛征求意见，然后在公司高层会议上进行集体评审，高层基于公司战略人才诉求对素质模型进行必要的补充与优化。

最终，Y 公司构建出素质模型的成果如下：

• 通用素质模型（共 7 项）：踏实肯干、职业操守、客户意识、执行力、持续学习、人际理解与交往、团队合作。

• 管理者素质模型（8 项）：担责、以身作则、有效沟通、决策能力、解决问题能力、团队管理能力、资源协调能力、经营与成本意识。

- 职类素质模型（通用素质模型的延伸）：
➤ 营销事业部：坚持不懈、诚实正直、正能量。
➤ 研发事业部：认真细致、主动承担、乐于分享交流。
➤ 职能部门：坚守承诺、主动承担、服务精神。

接着林枫组织制定了所有素质项的定义、评分标准，以及面试评估问题库，以便让各业务部门在外部招聘，内部人才评估方面有明确的参考标准，人才选拔晋升更精准，更容易挑选并激励最符合公司发展需要的人才。

75. 建设 HR 流程，确保安全运营

HR 管理流程的作用是确保公司 HR 工作的安全运营及运作的有序性，同时也是公司规范化管理不可缺少的。

林枫和佳倩在部门内组建了一个 Mini 的 HR SSC，由三个同事组成，开展 HR 管理流程建设，包括招聘入职、试用期管理、绩效管理、离职办理、考勤管理、异动管理（含晋升、平调、降职、借调）、培训发展、发薪管理等。

在招聘管理流程中，特别完善了面试考核评价的流程，包括不同角色（HR、专业面试官、综合面试官）的考核维度，特别是在面试评价意见填写环节严格管理（以前是不填写面试评价的）。另外，在招聘过程中，加入了笔试、性格测试环节，以便从不同的角度评估并把好招聘质量关。

原来公司对新员工试用期缺乏管理，导致试用期内人员的文化融入、应知应会工作不到位，试用期也没有建立绩效目标，试用期绩效没有得到合理评估，导致人力效能不高。所以，林枫和 HR 同事一起建立了试用期管理流程，从新员工入职后确定带教人、建立绩效目标、中期评估与沟通、试用期转正综合评估、试用期转正结果的应用等环节都做了明确的规则界定。这一举措，

大大提升了新员工试用期管理的规范性与效能提升。

以前在离职管理上，存在漏洞和风险，即有些应该关闭的系统权限没有及时关闭，而在新的离职流程中优化完善了这些环节，消除了可能存在的隐患。

在绩效管理方面，建立并落地绩效管理关键动作（含绩效目标、绩效辅导、绩效考核、绩效反馈及应用），其中首次实现了全员绩效目标签署、全员 100% 的绩效目标沟通与绩效结果沟通，并将绩效结果与绩效工资、年终奖金挂钩。

其他方面，如建立考勤管理规则、异动管理（含晋升、平调、降职、借调）、发薪管理等。这些管理机制的完善，一方面提升了公司的安全运营能力；另一方面从服务效率、服务质量让员工有更好的体验，提升了员工的满意度。

76. 建立核心价值观行为标准

　　为明确公司价值观导向，落地核心价值观，林枫组织制定公司核心价值观的行为标准，该行为标准采用"场景＋行为＋结果"的描述方式，同时采用行为是否"展现"的方式，量化了每一项价值观的评估标准，评估结果分为三个等级（A－非常符合、B－基本符合、C－有待改进）。这套核心价值观、行为标准作为后续公司年度/半年度价值观评估的依据。如表10－2所示。

表 10 – 2　核心价值观、行为标准

价值观	行为标准	展现情况	
		展现	未展现
客户第一	1. 利益为先：站在客户立场思考问题，在坚持原则的基础上，把客户利益放在第一位，设身处地的为客户着想	☐	☐
	2. 产品为本：时刻检阅自身产品，出现问题时第一时间响应，迅速与客户沟通，并给出相应的解决方案，不让客户作为第一问题发现人	☐	☐
	3. 客户导向：针对客户提出的修改意见，虚心听取，并向上级汇报，尽己所能满足客户需求	☐	☐
	4. 真诚服务：对待客户热情、真诚，用最好的服务态度来体现对客户的重视，为客户创造价值	☐	☐

续表

价值观	行为标准	展现情况	
		展现	未展现
客户第一	5. 勇担责任：发现公司上级或同事做有损客户利益的事情时，能主动站出来制止，挽回客户损失，富有责任感	☐	☐
评估标准	A－非常符合（有 4～5 项行为展现）：能真正站在客户的角度前瞻性地思考问题，把客户的利益看作自己的责任，快速行动并用结果说话，超越客户的需求		
	B－基本符合（有 2～3 项行为展现）：面对客户的需求能以积极主动的态度应对，对客户的需求做出较快的响应，为客户解决问题，满足客户需求		
	C－有待改进（有 1 项及以下行为展现）：无法第一时间响应客户态度，行动较为迟缓，不能为客户解决问题，无法及时按质按量满足客户需求		

为了更好地让大家理解和践行公司核心价值观，林枫组织制作了吉祥物"啄木鸟"代言、卡通人物代言、优秀员工代言三种风格的价值观宣传海报，并通过邮件、微信群、公众号、公司内张贴等方式宣传，取得了很好的价值观宣导效果。

77. 构建面向未来集团性组织的 HR 服务架构

面对公司不断成立分公司、子公司的情况，Y 公司已逐步向集团性组织的架构发展，林枫认为有必要尽早构建基于未来集团性组织的 HR 服务架构。于是他组织 HR 团队讨论拟定了《分公司、子公司人力资源管理规则》。

一方面，界定了总部对各分公司、子公司的管控领域与方式，具体需经总部 HR 高管及 CEO 书面确认的事宜，比如分、子公司的人力资源年度整体预算方案，分、子公司的高层聘用或任免，分、子公司的激励机制方案。

另一方面，确定了总部与分、子公司在 HR 运营工作（包括招聘、培训、绩效管理、薪酬福利等方面）的分工，总体分工原则是：总部人事行政团队在集团层面提供各模块相应工具、方法指导及资源共享，提升整体运营效能；本地化、个性化的工作，通过集团 HR 的赋能，逐步复制至各子公司 HR，由分、子公司更为高效地完成。

界定了以上管理规则与分工规则后，林枫在与各分、子公司负责人及 HR 负责人充分沟通讨论的基础上，分别选取了一个分、子公司进行试点，取得了比较好的成效，再逐步向其他分、子公司进行推广。

近期，林枫读了一篇关于微服务的文章，这篇文章让他豁然开朗。微服务的理念架构完全可以应用到人力资源领域，特别是对于规模较大的集团性企业（如跨行业、跨国家、跨区域的企业，存在多个迥然不同的客户群体），可以从集中式的 HR 管理架构转为以微服务为基础的分布式架构。

具体来说，集团层面只是提供一片土壤，内部不同的组织在这片土壤上可以开发个性化、独立化的 HR 服务。这种服务可以高度灵活地优化与迭代，甚至改变与删除并衍生出新的服务，不强调集团层面的政策、动作的一致性，只设立必要的接口就可以，这样可以最大化地提升集团 HR 管理的效率、体验并降低成本。

说到底，就是集团企业是"管委会"的角色，只提供一片田地分给你，你可以独立管理，这里种玉米、种红薯、种花生大豆还是各种果树，随便你；只要你符合我对田地管理的一些基本要求就可以，每年给我交田地租赁费用，还有收入的分成；你享受田地管委会提供基础服务，也可以调用"管委会"的资源一起在特定时间提供特定的服务。

当然，以上只是林枫初步的一个思考，后续随着公司的发展壮大，还会进　步实践与探索总结。

78. 管培生计划：人才也是一种组织资产

Y 公司的管理层在人才引进时基本都有一个想法，就是要用"熟手"，所以他们基本都要有经验的人。当问到他们是否需要应届毕业生时，大部分都摇头摆手："不要，他们干不了什么活，要培养很长时间，我们这里用人很急。"

林枫认为，这些管理者是从比较短期的角度来看人才引进工作的，他们不知道，"拿来就能用"的人才也能够被别人"拿来就能用"，大部分就像没有根的浮萍，是会继续顺着水流飘走的。如果企业全部是这类"空降兵"人才，没有自己培养的"子弟兵"，是没有稳固基础的，也是没有"根"的。

几乎所有的成功企业，都是有着应届毕业生的人才培养机制的，他们把这些毕业生，从一张白纸逐步培养成公司的骨干、管理层，成为日后公司发展的中坚力量。这些人因为一开始踏入职场就在这个公司，所以最忠诚、稳定，能够陪公司走得最长久。而且，选择在重点大学、对口专业毕业的应届生，专业过硬，素质优秀，很快就能上手，做事情的质量比那些不知名的学校、学历不高、非相关专业、半路出家的"熟手"要好得多。

有业务主管问："就算我们招聘了一批优秀的应届生，但留不下来怎么办。我们就发生过应届生走了一大半的情况，留下来的只是少数。"林枫说："应届生能不能留下来，和我们的人才保留工作有关系。根据各方了解，我们之前招聘的毕业生没有留下来，是因为缺少人去带教他们。如果我们把新人带教、人才培养体系建设完善了、做到位了，自然能够提高应届生的保留率。"

另外，就算应届生有一部分人走了也不要紧，我们关注的是能够留下来的那部分人。就像是跑马拉松一样，有人坚持不下去中途退出了，有人掉队了，等等。他们跟不上组织发展的步伐了，退出也是正常的。我们要的是能够跟上我们，并愿意陪我们继续跑下去的那批人。从这个角度说，我们是人才"选拔制"，而非"培养制"，选拔那些适合我们的人才，有顽强的意志与"生命力"与我们一起跑下去的人才。

林枫为 Y 公司设计的管培生培养方案概要如下：

（1）目的。

为满足公司战略发展需要，做好战略性人才储备，培养核心骨干及中基层管理岗位的后备人才，形成关键岗位人才的定向培养机制。

（2）管培生标准与来源。

标准：

- 与公司的素质模型匹配度较高。
- 非常符合公司核心价值观。
- 具备较好的管理潜力。
- 具备较扎实的岗位专业知识技能。

来源：

- 校园招聘渠道（重点院校应届生）。

● 社会招聘渠道（毕业 2 年内，有意愿往管培生方向发展的往届生）。

（3）管培生需求来源。

● 各部门根据业务战略规划，分析当前人才现状与未来人才需求的差距。

● 各部门关键岗位的人才梯队规划与人员补充。

（4）管培生培养计划。

培养周期：全流程时间为 2 年，每个岗位通常 6 个月（每个岗位可视具体情况适当调整），经过学习/培训、考核、评估，最终定岗。

培养形式：集中授课、月度沟通、交流平台、团队拓展、竞赛项目、定期高管辅导、骨干/专家带教等。

培养路径：

● 某一部门内培养：在某一部门内不同岗位轮换，定向培养为该部门核心骨干及中基层管理岗位的后备人才。如拟培养人力资源经理岗位，需经历招聘、培训、绩效、薪酬等不同岗位轮换。

● 跨部门培养：部门间联合规划，在不同部门之间进行不同岗位的轮换，定向培养为特定部门核心骨干及中基层管理岗位的后备人才。如拟培养合伙人，需经历销售、售前、实施、产品、PMO 等不同岗位轮换。

● 新区域、新组织锻炼培养：公司拓展新区域、成立新组织，核心骨干及中基层管理岗位优先从管培生岗位选拔，给管培生更多的锻炼与成长发展机会。

（5）管培生的考核方式。

季度考核：即在轮岗所在部门进行公司统一季度考核。

阶段性评估：

● 管培生申请：基于轮岗的安排，管培生完成一个岗位的实践后，需依据该岗位的任职标准与本人的胜任情况，可灵活提出阶段性评估申请。

● 带教导师针对管培生在现岗位胜任度进行阶段性评估，评估通过后进入下一个岗位的实践。

综合评估：通过不同岗位的阶段性评估给出综合评估；评估委员会结合培养目标进行集体评议。评估维度：专业知识与技能、岗位胜任能力、绩效输出。

结果应用：定岗、晋升/调薪。

退出机制：

● 被动退出：任一阶段的评估结果为不通过，将继续在原岗位上实践；连续两次未通过，将取消管培生资格，定岗到相应部门及岗位。

● 主动退出：由管培生本人意愿申请退出轮岗，申请定岗到相应部门及岗位。

十一、提升人力效能，促进组织经营

79. 构建 HR 算账体系，提升公司经营水平

随着公司人力短缺问题的逐步解决，公司的主要矛盾已经由人力不足，转移到人力效能提升的问题。经过林枫与高德的多次讨论，解决方案就是要将外部市场的压力，无遮挡地传递到公司内部团队，除了前期在前端业务部门已经实施的合伙人机制，还要把后端的每一个产品线变成一个经营单位，让他们对自己的投入产出负责，他们的回报与激励都与这个投入产出有强相关性。让每一分钱的资源投入都有相应的回报衡量，所以内部的资源计价方式必须建立起来。

为了更好地衡量效能，林枫一开始就意识到把人力指标和经营指标建立起连接，以便在促进公司经营的同时，牵引管理者关注人力效能的指标。林枫提出提高 HR 的算账能力，他认为这是 HR 的核心能力，HR 要帮助企业做好投入产出分析，就是每投入一分人工成本的钱，能挣来多少钱？

林枫组织建立了 HR 算账体系，包括算大账、算中账、算小账。

算大账，就是从企业层面来看，公司有多少钱可以分给管理层及员工。这个是扣除了企业的成本、费用和税之后计算出有多

少净利润。净利润中，扣减掉公司需留存部分，进一步推算出有多少可作为项目奖金、员工年终奖金、管理层奖金、股票等。具体运营方式包括季度审视公司经营及利润分配情况，提出公司层面的价值创造、评价及分配策略。

算中账，就是从部门的层面看，各部门可以发多少钱。主要是通过人力效率指标（如人工成本/收入、人工成本/毛利、人均收入、人均利润或毛利、人均服务比等指标），并根据经营指标的变化，计算人工成本是多少。具体的运营方式是建立各部门人力效率指标的监控机制，定期发布各部门的人力月报，基于经营情况提出人力策略建议。

算小账，就是员工可以拿多少钱。具体呈现的方式是汇总计算每一位员工的各项收入，进行年度员工收入的对比。这个数据可以用来对比分析不同部门的收入整体情况，并制定相应的激励策略，比如调薪、年终奖分配、项目奖分配、股票激励等。

林枫组织公司 HR 部门建立了以上三张"HR 账务报表"，用以管理公司、部门层面的"可分钱"情况。

80. 把人效落到个人，每月去盘点

林枫与 HR 团队一直在思考与讨论，公司内部各部门如何体现其人力效率情况？有两种方式：一种是把其作为一个独立核算单位来计算其成本与产出；另一种是作为非独立核算的单位，这个时候更多是看其人均的价值贡献，在既定成本之下，有没有更多的价值贡献增长，比如 HR 部门人员，价值贡献就是员工招聘量、干部留任率等。

以上两类指标，人效的提升主要是看指标的改进情况，比如人均成本/毛利的降低、人均收入的增加、人均服务比的增加等。

除了各部门的人效指标外，怎么管理和落地人效的改进呢？有哪些有效的方式？

林枫和管理层进行反复讨论，后来确定了必须要把人效落到每一个人的方式，看到每个人的投入产出比，投入就是他的工时，产出就是他的绩效成果；产出是一些量化的指标，比如销售收入、工时利用率，还有绩效成果。

公司每个月在人力盘点会上，把每个人的投入产出对照来看，看看他的成本与产出谁更大。如果是投入少于产出，那么这个人就是值得的，就是能够给组织带来正面效益的；如果是投入大于产出，那么这个人就是一种人力的浪费，给组织带来负面的效益，必须想办法把他的人效提升起来。比如通过价值观提升、绩效辅导、培训赋能等，帮助他尽快提升人力效能。

81. 从团队效能到个体效能的突破

在林枫的推动下，Y 公司的人效指标，已经从团队的效能过渡到对个体效能的监测与审视机制，这是一项重大的突破。

个体效能最终要确定这些问题：这位员工的价值观、能力、绩效情况如何？这位员工近期存在什么问题，比如能力方面的不足、态度方面的不足、对工作的适应与熟悉程度，甚至定位到员工对该岗位工作的兴趣程度，或者目前家庭状况对其工作状态的影响……分析出来各种各样影响其绩效的问题，都需要从组织的角度审视并帮助他解决，这些问题解决了，就能够帮助他达到比较好的工作状态，从而提升他的人力效能。

在这里，岗位胜任能力是最重要的审视角度，哪一项胜任能力不达标，都会影响到绩效达成情况，所以必须帮助员工进行相应的能力提升。

由于内部业务主管、专家的经验是不一样的，林枫和业务主管一起讨论，可以针对员工的能力薄弱项，针对单项能力配备带教人，就是一个带教人负责某个员工某一项能力的带教。这样，一个员工可能有 2~3 个带教人，分别针对其不同的能力弱项，让他有多个老师，而不仅仅只有一个老师，这样更有利于员工的综合成长发展。

82. 对着组织目标与经营结果去做工作

HR 的工作比较容易偏离方向，从 HR 的角度做 HR 工作。在这方面，高德经常提醒林枫，HR 一定要对准组织目标和经营结果来做工作，而不能对着 HR 自己的目标来做，要对着组织的经营目标（比如组织盈亏、市场业务目标）来开展工作。他所有工作的指向都应该是组织经营的成功，而非 HR 本身的成功。

这个思想，林枫在拉姆·查兰《CEO 说像企业家一样思考》一书中也看到这样的描述：

我们经常听到企业家要求下属："你们要换位思考，站到我的立场想问题，具有全局观和经营头脑。"而在现实中，各级经理人员往往是各自为政，难以产生有效的协同，创造最大的绩效。究其原因，关键因素是很多职业经理人缺乏经商的常识，缺乏一个共同的思维框架和商业语言。这种常识的缺乏所引发的便是执行缺失、沟通不畅、绩效不振等企业"常见病"。

书中提到企业经营的六个关键要素（现金净流入、利润、周转率、资产收益率、业务增长和顾客）和两大基础（知人善任、良好的沟通机制）。企业家运营企业，就像司机驾驶车辆。在这六个关键要素中，顾客（市场）需求是方向和目标，业务增长战略是行动路线，现金净流入、利润、周转率、资产收益率是仪表盘中显示的各项数据，反映了车的运行效率，这也是高档车和普通车的区别所在。

HR 高管也要像 CEO 一样，高度关注企业盈利的六个基本要素——现金净流入、利润、周转率、资产收益率、业务增长和顾客，使之可衡量。真正理解每个要素的本质，并把它们联结成为一个整体，拼成一个思维的整体图形。

HR 高管还要帮助 CEO 把企业的方向性指引进行总结提炼、化繁为简、一针见血、深入浅出、形象比喻，把复杂的现象和概念变得清晰明了，容易形成团队的共识，促成精准和高效的行动。HR 高管一定要有自己的仪表盘，仪表盘里显示的是公司的战略、痛点和经营 KPI，要比业务人员更懂业务，要比销售人员更有温度，要通过战略与财务语言洞悉业务并真正帮助业务人员增长。

83. 拓展 HR 服务的边界

通过林枫在组织效能、个体效能方面的工作开展，他已逐渐步入组织商业模式变革的"深水区"，不可避免地参与更多商业模式的变革。随着公司商业模式的转型，需要 HR 在组织、人才、文化、激励等方面为公司商业模式转型提供强有力的支撑。

这样，HR 服务的边界必然需要往前拓展到业务的边界上，业务边界拓展到哪里，HR 服务支撑与影响的范围就应该到达哪里，这就是 HR 产生价值的地方。战火燃烧的岁月，战火所及的地方就是 HR 需要发挥价值与影响力的地方。HR 如何能够有效地渗透进去，发挥出应有的价值，这就是对 HR 最大的考验。

根据业务的边界来确定服务的边界，HR 服务的可扩展空间还很大，林枫认为目前 HR 服务的范围还是太小了，而且更多是以 HR 功能模块的领域来划定我们的边界，而不是以业务的领域甚至组织经营的领域来划定我们的边界。

当然，边界不是指 HR 要去做业务部门做的事情，而是说 HR 的支撑工作，HR 的关注点要到业务"战斗"的最远的边界，要让业务部门的主管、员工感受到 HR 一直在他们身边提供服务支撑、资源支持，HR 一直在前沿，就像太阳一样在照耀着他们，只要他们呼唤"炮火"，HR 就会出现，就能马上提供"炮火"。

十二、看见资本人

84. 站在投资人的立场看问题

进入 Y 公司，林枫第一次有机会参加董事会，有好几个投资方的代表来参会。林枫开始还有一点小紧张，作为新入职的高管，这是他第一次直面董事会成员，怎么给董事会成员留下好印象，是他在心里一直思考的问题。

他发现来自投资方的董事会成员都比较亲切，大家说话也比较客气，都会点到即止，相互间比较"给面子"。董事会成员更多还是看公司近期的经营管理情况，特别是财务指标的情况、高层管理者的变化、近期组织架构的变动、后续主要的经营管理思路等。

在投资方的提问中，林枫发现投资方的关注点跟企业管理层是有很大差异的，对于企业方管理团队而言，很关心当期的盈亏情况（销售收入、利润率等），而投资方更关注企业对市场的占有与未来的受益（比如签单客户数；五年后每年的"续费"收入规模，即持续"收租"规模、循环回报等）。因此，企业方关注的当期收入和利润情况，投资方似乎并不在意，甚至亏损也不要紧，他们可能还认为企业亏少了。

他们更看重眼前投入的钱在未来会产生多大的价值增长，能不能快速充分地占领市场，能不能在行业细分领域坐到"头把交椅"。而且，投资方希望看到你敢用钱、会用钱，他们不希望他们给你的钱一直放在银行里面，没有起到应有的作用，他们会认为你没有很好地完成"投资任务"。

投资方认为，在互联网行业，某个细分市场机会的兴起，往往会同时有"一拨"企业同时冒出来；"独角兽"的出现往往有18~24个月的时间窗，把握住这个时间窗，快速的"跑马圈地"、占领市场，做到市场第一位是最重要的。如果不能在这个时间窗里做到市场第一，在市场格局已定的情况下，要扭转这种局面是非常困难的，花费的成本是巨大的，甚至是不可能的。

林枫也逐步学会了用投资回报的思维来想问题，就是投入的钱在未来多长时间内能有多少增值，企业各项经营活动的 ROI（投资回报率）怎么样。把钱用到该用的地方，投资到能带来更大价值的地方，关注公司未来的增长与收益，关注企业估值的提升，等等。

85. 创业公司要敢于"开人"

由于 Y 公司的商业模式与发展情况非常好，所以不断有投资公司愿意投钱，在投资之前都会进行尽职调查，并选取部分高管进行访谈。近期，某顶级投资公司对 Y 公司进行尽职调查，林枫也是被访谈的高管之一，六个投资公司的人员一起与林枫进行沟通。访谈过程中，投资公司主要是了解公司近期在人力资源方面的变化，特别是人员规模的增长及增长的结构、人员的流失及流失的结构等。

投资公司访谈人员比较密集地提出了几个问题：公司离职的人员主要在哪些部门？离职的人员里面，有多少比例是主动淘汰的？主动淘汰的人员里面，最高层级的岗位是什么……开始的时候，林枫一愣，不知道对方问这些问题的意图是什么？但他马上反应过来了，对方其实想考察公司敢不敢"开人"，创业公司是一定要"开人"的，特别是不合适的、不能胜任工作的人员要赶紧换掉，这会起到"正源清流"的导向作用。

会后，林枫也和一些投资界的朋友交流，他们也提到创业型企业一定要有人员管理的"力度"，不敢"开人"的领导不是好领导，不敢"开人"的企业是没有发展前景的。创业型企业的管理者不能"心太软"，在人的管理上，一定要把正负向的激励强度与导向传递出来。

86. 让你帮忙是给你资源连接的机会

在董事会上，有一位投资界的大佬听说林枫来自 Y 公司，而且招聘做得很好，就提出来能否给他推荐一些比较有潜质的人才，可培养为公司未来的投资人。另外，还需要几个比较厉害的HR。林枫有点受宠若惊，连声说可以。

在董事会后，大家聚餐的时候，林枫就详细地问那位投资机构大佬具体需要什么条件的人，然后迅速在大脑里搜索有身边哪些朋友可以推荐，并现场发了一些信息给朋友问询有没有相关的人才推荐，并初步给了该投资大佬一个反馈。

这位投资大佬对林枫的雷厉风行很赞赏，他沉吟半刻，对众人说："其实我让你们帮忙就是给你们一个资源连接的机会，想一下你们平时都是在一个固定的圈子，但是我们投资方投资的就是数十家企业，我们的资源是非常丰富的。你们虽然只在这个点上和我们产生一个连接，但你连接的是一片新的资源蓝海，所以，给别人帮助其实就是获得一个资源连接的机会。你是主动连接，还是放弃这样的连接机会，这就是有没有战略思维的人的区别。"

　　投资大佬的话让林枫脑洞大开、惊为天语，他也下决心，要更多地了解资本圈，并连接资本圈的资源，这是 HR 高管绕不开的领域。

87. 把投资方背后的资源连成一片

林枫还特意去拜访了 Y 公司的投资方，和投资方的 CEO、COO 等沟通，通过他们了解更多的行业信息，也希望得到投资方更多的资源支持。大家达成共识，就是投资方所投资的企业可以一起整合起来做一些事情，比如相互进行培训资源的共享、相互推荐人才、联合招聘等，特别是一起组织去外地校园招聘，搭建校园招聘的"航母"平台，获取人才。

在随后 9 月份开展的校园招聘中，Y 公司就跟随 D 投资集团一起去了 4 个城市进行巡回校园招聘。有十多家企业轮番上台分享，大多数是高科技、新领域的"独角兽"或"准独角兽"企业，吸引了众多学生。Y 企业也很好地呈现了企业的亮点，进行雇主品牌宣传，吸引了不少学生，并签约数十名优秀的应届毕业生。

十三、连接外部资源，构建外部人脉平台

　　林枫孑然一身来到上海这个陌生的城市，工作上的关系固然可以逐步熟悉，在小范围内逐步开拓与开展工作，但如果只是局限在公司内，自己的视野与格局都会受限制。没有外部资源链接与信息渠道，自己的工作会越做越被动，越做越没有创新，这是很危险的。一向习惯了与外部专业资源连接的林枫决定走出去，拥抱大上海，利用好外部资源，拓展自己的交往面，增加外部资源信息渠道，提升公司及自己的外部品牌，营造良好的周边生态环境。

88. 在 HR 论坛发出自己的声音

上海是中国 HR 沙龙和论坛的发源地，HR 圈子最活跃、活动最多，而且大部分都是免费的。这让林枫非常开心，因为他非常喜欢专业学习、交流分享。因此，他广泛参加 HR 的论坛信息，结交 HR 领域同行，了解上海人力资源发展情况，学习最新的业界实践。

在结交 HR 同行方面，林枫发觉只是作为听众参加论坛，拓展面是有限的，因为你主动和对方认识总有一些尴尬和不便，很多人并不愿意和你接触，这种人际上的"破冰"感觉并不好，也不符合林枫的个性。主动搭讪递名片认识他人，这是大多数猎头顾问或者其他人力资源供应商（机构）经常采用的方法，不太适合像林枫这样已经做到 HR 高管的人。

林枫由于有比较丰富的人力资源工作经验与较深厚的造诣，且有世界 500 强企业的优秀实践经验，自己也有很多登台分享的经验。所以他决定采用上台分享的方式，在论坛上发出自己的声音，主动吸引流量，扩大影响力，占领同行认识与交流的"头部"位置，赢得更为主动的人脉空间。

林枫到了上海后的第四个月，他第一次走上 HR 论坛，面对几百位 HR 同行分享自己在招聘领域的经验。魔都首秀就引爆了全场，快速"圈粉"几百人，不仅为公司宣传了品牌，更为他积累上海人脉奠定了基础。

在此以后的半年，他连续三次在上海 HR 论坛上进行分享，并逐步走出到全国其他一线城市去分享，论坛规模从三四百人到两千多人，迅速提升了 Y 公司的知名度与个人品牌。

89. 参与业界人力资源评选，提升雇主品牌

经过林枫与 HR 团队半年的苦心经营与打造，人力资源体系已经颇为完善，专业化、规范化程度大大提升，特别是在招聘领域取得了显著的成绩，招聘流程设计体验也很好。

因此，当林枫看到由 HR Salon 与 HR Tech China 主办的候选人体验大奖赛的活动征集通知后，就报名参加了评选。由于 Y 企业精细化、客户化、人性化的候选人体验流程，有不少亮点，没有悬念地评上了"候选人体验大奖之企业金奖"，林枫现场做了主题分享。这个奖项的获得与广泛宣传，使 Y 企业的人力资源工作成果首次走出去，呈现在 HR 同行面前，后续公司在社会招聘与校园招聘过程中，提高了吸引力，这让林枫感受到良好的雇主品牌带来的切实收益。

但这只是开始，由于 Y 企业在内外部雇主品牌方面做了很多切切实实的工作，从人才的吸引、人才的求职体验、人才的融入、人才的培训与带教、人才的晋升与发展、人才的激励等端到端的流程，都做出众多积极的实践探索与落地，并取得很好的实际效果……因此，在林枫入职 Y 公司九个月后，Y 企业又获得了"最佳雇主品牌企业奖"。

　　以上两个奖项的获得，给当年公司校园招聘带来了非常好的正面宣传效应。由此，林枫意识到，企业如果没有建立外部雇主品牌，即使内部人力资源工作做得再好，也很难取得很好的人才吸引效果，因为"酒香也怕巷子深"。

90. 初识茶道，广交"茶友会"

除了 HR 专业的群体，林枫认为对于 HR 高管的角色，不应仅仅局限在 HR 专业领域，还应该广交各行业的朋友，这样才能使信息更加多元化，有比较好的跨界思维，并培养商业化的意识。

一次偶然的机会，林枫认识了一位精通茶道的朋友，他请林枫品尝自己收藏的陈年普洱茶，给林枫讲了很多茶道知识，比如茶的品种、泡茶的规范、各种茶具和功能，还有茶背后的文化等。借助茶这种媒介，林枫得以接触"茶友会"，认识了各行各业的朋友，互通有无，了解不同行业的信息，不亦说乎。

其实还有很多像茶友会这类业余兴趣组织，比如读书会、棋友会、驴友会等。HR 高管在正常工作之余，可以多参加一些这样的群体，认识一些不同背景的人，可以起到很好的知识与信息补充、开阔视野的作用。

通过茶友会的形式，林枫悟到了几个道理：

一是这个时代已从个体崛起转变为抱团取暖的方式，所以要尽量多的依靠团队的力量，依靠"军团"去获取胜利。这种"军团"一种是强联系的，一种是弱联系的，各自的优势是不一样的。

二是喝茶本身，喝的是氛围，是一种仪式感、层次感（喝不同年代的茶）。不仅喝茶，做工作也是一样，特别是人力资源工作更需要这种氛围、仪式感和层次感（做事情逐步深入）。

三是要认识不同圈子的人，参加茶友会是一种资源，另外还可以参加不同领域的活动，获取其他领域不同的资源。

十四、对 HRVP 的新型能力要求

在工作过程中，林枫总结了有几项能力是做 HR 高管所需要的，这些能力在一般的领导力书籍中很少提及，可以说是新型的领导力，但林枫认为是非常重要的，特别是在 VUCA 时代（VUCA 是 Volatility – 易变性、Uncertainty – 不确定性、Complexity – 复杂性、Ambiguity – 模糊性的缩写）。在创业型企业中，尤其需要这些能力。

91. 高空巡航能力与锁定目标、精准歼灭能力

林枫见过一些企业的 HR 高管，处于两个极端情况，要不就是飘在空中夸夸其谈，大谈规划与思路，要不就是陷入具体的工作细节中，很难拔高、跳出来思考问题，只见树木不见森林……他不禁感慨，要找到两者兼备的人才真的很难得。

林枫认为，作为 HR 高管，先是需要有系统、高度的思考能力，能够对所负责的工作进行全局性的规划，把握住战略目标重点。比如我们要进攻的目标在哪里，过程要占领的要塞在哪里，哪里可以作为前进中的保护屏障，先攻击哪里，后攻击哪里……就是对战场有全景的把握了解，对战斗路径能做好合理规划。这就好像具备高空巡航的能力。

当然，以上这些只是在天上看到的东西，还不能接到"地气"，不能解决问题。所以，除了要看到全局，HR 高管还要能锁定某个具体的目标，并跟踪与歼灭它，这种精准打击、解决目标的能力是同等重要的。优秀的 HR 高管必须能结合这两种能力，升得上高空，下得了地面，定得了方向，解决得了问题，才能够真正发挥价值。

92. 说正话、行正事、树正风、立正杆的政委能力

HR 团队可以说是公司核心价值观的先行部队，有着先锋和标杆的作用，而 HR 高管更是公司核心价值观的风向标与表率。

HR 高管经常要决策一些原则性的事情，他要做好大家思想的导师，所以一定要身体力行，践行公司的核心价值观。而核心价值观要树立起来，其中的"杆"一定要立正，HR 高管就是立起来的这根"杆"，立杆的根本是要"正"。

首先，要能够说正话，就是说话要从积极正面的角度去讲，不抱怨，不传递负能量，不说公司与同事的坏话，永远站在阳光处。

其次，行正事，就是为人做事要正派，不做阳奉阴违的事，不做违背原则与道德的事，不在背地里使坏，言行一致，言出必果。

树正风、立正杆，就是要弘扬正气，宣扬好事，处理事情客观公正公平，不偏不倚，不能授人以柄，形成原则性领导、原则性管理的风格。

所以，在某种程度上说，HR 高管就是公司核心价值观的第一代言人，就好像军队里的政委，政委思想、行为首先要过硬，才能教育其他人，成为其他人效仿的标杆。

93. 用硬邦邦的结果来说话

HR 高管做事不能来虚的，要聚焦解决问题，要以结果为导向。在沟通事情的时候，不能只谈问题，而要提供解决方案并跟踪落地。用结果来说话，只有结果才能让业务部门服气，只有结果才能证明 HR 团队的价值。

HR 高管在任何时候都不要忘记工作中最坚实的基础是什么，自己的底气来源是什么，那就是结果。有了结果，任何人都说不了什么，就会获得大家的认可。即使不认可你这个人，也会认可你做出的结果，认可你的价值与作用。

所以，在林枫开始刚进入 Y 公司的时候，有一些高管并没有在思想上接纳他，也没有在工作理念与思路上认可他，甚至还有一些反对意见。但是当过了几个月，他们发现林枫做成了很多事情，创造出很多正面的结果，给组织带来了积极的改变，他们就转变了态度，对林枫的评价转向正面，并给予比较好的配合支持，甚至还与林枫成了很好的"哥们"。

林枫在和业务主管及员工沟通中，反复强调，大家不要去比辛苦，要比就比结果；不要去和别人比，要和昨天的自己比；管理者要提高影响力，靠的是实实在在的业绩和对别人的帮助；下属要服从的不是管理者个人，而是整个公司的决策体系。创业型企业需要每个人的自我反省和进化，拿出实在的结果，获得应有的回报。

94. 接天气与接地气的能力

什么是接天气与接地气？HR 高管如何才能接好天气和地气？

接天气就是懂得客户在想什么？CEO 在想什么，他最关注什么？各个业务高管在想什么，他们最关注什么……这就是接天气的能力，HR 高管要把公司的政策解读好，把政策宣导好，在政策层面建立好公司的导向，并从上往下传递下去，从高层传到中基层，到每一个普通员工中。

接地气就是能够了解一线的员工在想什么？他们的诉求是什么？他们关心什么？他们在苦恼什么……要把他们的声音听进去，然后把这个声音往上传递到高层，让高层做出明智的管理决策，并能解决员工层面的问题，更好地激励员工，特别是绩效优秀的员工。

所以，优秀的 HR 高管要一脚踩在泥地里，才能往前飞跑，双手要撑在地上，才能飞起来。

95. 懂一点"政治"的好处

HR 高管是企业高层职位，高层就不可避免地出现一些"政治"层面的因素，因此 HR 高管懂得一些"政治"是有好处的。

对于高层来说，"政治"是什么？"政治"就是怎样争取 CEO 的支持，怎样与其他高层合作的问题。其他的高层就是 HR 高管的合作伙伴，要赢得他们的支持理解，要使他们成为自己的同盟，这样在关键的时候他们才会"挺"你。

刚开始时，林枫缺乏这种"政治"的意识，做事情有时候过于简单直接，不注意提前沟通与"松土"，平时也比较少和其他高层走动，到了做事情的时候才去找对方。这很不好，关系与情感是在平时慢慢培养、慢慢升温的，不是临时抱佛脚的。

另外，HR 高管要看懂组织里的权力结构、权力分配、权力变化的情况，这是"上层建筑"。"上层建筑"是会影响到"经济基础"的，也就是会影响到具体工作的运行方向及效果。HR 高管还要留意自身在这个权力架构中的位置与基础，这代表了他自身的影响力；影响力不仅仅依靠专业性、人格魅力，更受权力基础的影响。

林枫看了几本书，对自己的政治思维有了很大的启发，这几本书分别是《君王论》《独裁者手册》《硬球：政治是这样玩的》，最近还在看《毛泽东选集》。有一颗懂"政治"的头脑是很重要的，没有"政治"头脑，很难在高层岗位做好。

对于高层岗位来说，权力基础是很重要的。很多时候，他们是需要用权力做正确的事情。一个真正想做事的人，要敢于承担责任、拥有权力、获取资源，因为有权力、资源的人，才能把符合公司长远利益的事给做了，才能给员工谋发展，为公司长远发展图益处，权力在正确的人手上能够发挥出更大的作用。

在高层岗位，特别要修炼为人做事之道，一件事情做成，要把握"天时、地利、人和"诸因素，有时候不能"走直线"，还要会"走曲线"。不仅方向要对，还要讲究节奏，非一般的"蛮夫之勇"可致，要用"巧实力"。

美国的小约瑟夫·巴达拉克所写的《沉静领导》一书，给了林枫莫大的启发，让他懂得了用沉静领导之道去做成很多事情，就如书的扉页写道："不轰轰烈烈，也不会退缩屈服；不自我牺牲，也不会放弃原则。沉静领导的成功之道让他们找到了变通规则的途径，解决了棘手的问题，同时不危及他们的事业和声誉。"

一次偶然机会，林枫还读到了一本《大湘西演义》，里面讲到"湘西王"陈渠珍屹立政坛二十年而不倒的传奇，他的一生从政心得——"审时度势，知雄守雌"，让林枫深以为然。

林枫也非常喜欢金庸的《倚天屠龙记》的一句话："他强由他强，清风拂山岗；他横由他横，明月照大江。"让他懂得了要自强、淡定，以不变应万变，使自己强大起来，守好自己的"正道"，才能立于不败之地。对于高管来说，要有此心态。

96. 略懂财务，很懂业务

HR 高管一般都会有十多年 HR 工作经验，所以对 HR 各功能模块专业知识与方法都比较了解或精通。即使部分领域不太精通也不要紧，因为 HR 高管下面有各功能模块的经理或主管，他们在某种程度上可以弥补 HR 高管在专业操作经验上的不足。

但作为 HR 高管，还要具备其他 HR 同事不具备的方面，就是财务与业务知识。HR 高管要略懂财务，因为 HR 与财务之间是强关联的，夸张点说是不分家的。HR 高管要能够很好地评估人力的投入产出比，建立起人力数据与经营数据之间的关系，从通过数据分析支撑公司经营管理决策。

HR 高管要很懂业务，最好是了如指掌，甚至比业务部门的人更了解业务，才能设计出符合业务的解决方案。有知识宽度，沟通才没有障碍。HR 高管要扩宽自己的知识面，这样跟什么岗位上的人都可以沟通，也不会被人"蒙"。

对于创业型企业，HR、财务的负责人岗位要"超配"，HR 与财务在一定程度上要牵引业务，走在业务的前面，这样才能驱使公司不断往前走。如果 HR、财务都落后于业务，那么 HR、财务的工作就会很被动，公司就会被拖累，业务的优势发挥不出来，公司发展也不快，就像汽车因为没有油一样。

97. HR 高管要培养产品思维

HR 高管需要具备产品思维，产品要经过前期的调研、策划、宣传、运营、评估、迭代等。人力资源也有类似的产品，比如政策、制度、方案、项目、活动等，如果运用产品思维来运用，会有一个崭新的思路。

HRVP 在规划 HR 工作时，也要思考自己要推出的产品是什么。这个产品也会有生命周期，一旦到了某个时间段，则需要酝酿下一个产品……在日常的 HR 管理工作中，用新思维来重塑工作方法和流程。

为了让自己和团队更深入地了解产品思维，林枫让团队一起学习了网络上一位阿里云 HRG 写的文章《不懂产品思维的 HR，不是好 HR！》，文章部分内容摘录如下：

对 HR 管理工作有帮助的产品思维有哪些？

用户思维：把员工当成用户而不只是客户，客户就好像在超市给孩子买零食的家长，而用户是使用吃零食的孩子。在企业中，往往提出需求的是 Leader，但使用产品的却是向 Leader 汇报的人；呈现在用户面前的所有交互界面都要友好，从考勤到每一项业务的办理；用户要有参与感；没有权力抱怨用户，你就是要提出解决方案的人。

痛点思维：要找到用户的真正需求，尤其是培训工作，或者帮他们建立需求……

移动思维：HR 的很多工作可以考虑也踏上移动工具的班车……

场景思维：体验、体验、体验，重要的事情说三遍……

迭代思维或者组件化思维：不要追求高大上，先从小目标做起，一点一点实现整体目标……

运营思维：灰度发布，品牌传播，持续服务……

数据思维：用数据说话，尤其是有经验的时候，你的经验可能代表了落后生产力；要努力看清全貌，系统化思考……

……

最容易注入产品思维的工作是企业文化和员工活动。

早年间每一个互联网人都会追一个产品发布会，乔布斯的苹果发布会。发布会的场景经过精心设计，PPT 页面呈现出标志性的乔布斯风格，现场乔布斯会和粉丝互动，而苹果产品每次都会带来意外的惊喜，让人爱不释手……这些就是我们可以注入企业文化工作，重塑现有的工作目标和流程的思路。如果我们现在需要为公司筹划年会，与以往不同的出发点和运作方法有哪些呢？

首先，定义用户。员工是年会活动的用户吗？还是 CEO 是这一活动的用户？给员工带来独一无二、无法忘记的感受，还是给 CEO 带来非同一般的感受？这是一个现实的问题，也是一个坑。有的情况下，我们能顾及两者，但有的时候是无法顾及到两者的。通过年会，我们的目标是什么？当我们定义的用户不同的时候，我们抓住的用户核心需求（痛点）和活动目标就是不同的。

其次，场景设计。这个很容易理解，现在越来越多的公司做活动如果没有 Cosplay（是英文 Costume Play 的简写，角色扮演）各种场景都觉得不完美了。从 CEO 的各种扮相开始，员工是不是也做一些造型也是场景设计中需要考虑的。在这一设计过程中，我们事先可以找到几个关键环节，作为产品的爆点。

从场景设计中自然而然延伸出一个问题，参与感。不管是在场景内的，还是在场景外旁观的群众，是否都会获得参与感，并且在活动现场给出热情的呼应，甚至引起更热烈的传播推广，都是活动开始之前设计出来的。我的经验是，现场热点出来的同时就把事先准备的软文发出去。

最后，产品的游戏化和产品的组件化也是需要适当考虑的。比如是否存在互动环节（游戏）的设计，是否存在分会场（组件），是否存在其他需要考虑的环节等。

这个是进行这一产品思考和设计的逻辑。HR 团队可以考虑用这一思路进行工作筹划和准备，而实践中我们还可以更大胆一些。在某一家公司进行年会筹备工作的时候，当时我们采取了八地同时网络视频年会的方式，为了让各地都玩得 high，每一个地区都单独选择了一种主题进行 Cosplay 和流程设计。比如上海的团队扮演上海滩，北京的团队扮演拯救地球，重庆的团队扮演红军，长沙玩中国戏剧……

一方面活动开始前各地就已经玩得很开心了，视频一开始，大家对于其他城市团队的玩法也觉得很新奇……最后每一个地区都单独形成了微信朋友圈的推广高潮，顺便给公司招聘做了广告植入。而事先我们设计的活动爆点的效果也出奇得好，当 CEO 男扮女装出现在舞台翩翩起舞时，八地现场同时 high 翻天。

员工活动是一个特别容易产品化的工作，所以有的时候我们甚至会让员工活动主管在日常生活中更多参与产品运营团队的工作，学习和观察产品的运营推广方法。既然各个领域都需要跨界，企业文化工作为什么不跨界呢？

98. 从走一大步改为走一小步

在创业型企业中，因为很多工作没有做过，即使在其他大企业看起来稀松平常、习以为常的事情，在创业型企业可能都让大家大惊小怪，或者让部分员工觉得很难受，甚至提出离职，或者这些做法会影响少数人的核心利益。比如考勤管理、绩效考核等工作，在别的企业也许见惯不怪，但在 Y 公司确实让员工很不习惯，甚至觉得突兀、很难接受。

开始时，林枫做事情总想一步到位，要往前迈出一大步，但他发现，只要他向前走出一大步，就会有不少人跳出来反对，似乎在他旁边指着他说："你退回去。"

这时候，林枫该怎么办？退回原地吗？他经过思想斗争，最后下定决心，绝不能退回原地，必须前进，但是他可以做出必要的妥协，就是从走一大步改为走一小步，让别人更好接受一些。走完一小步之后，踏稳了之后，才往前走下一小步，这样前进的方向和目标不变，只是节奏有些变化，但速度不见得慢，也许比走一大步时还要快。

为什么需要继续前进？是因为大部分的业务主管与员工只看到了一个点上的事情，而看不到一个面上的事情。整个公司的事情，他们只看到了一个人或者一个部门的事情，而 HR 的角度是看到一个公司的事情；他们只看到了今天的事情，却看不到明天、后天的事情，而 HR 的角度能够看到更远的未来。所以，林枫认为自己公司的 HR 决策一定要考虑公司整体的事情，考虑中长期的事情。即使是往正确的方向，改变也不容易。口头的巨人太多，而行动的巨人太少。

职场不可避免地有一些复杂因素，所以我们在处理事情的时候，要更加成熟、圆润，讲究方法与节奏。林枫从《沉静领导》一书中得到启发，领导者要在利己与利他之间寻找一种平衡，在推动组织前进、实现组织目标的同时，也要保护好自己，采取灰度的方式逐步往前推荐，这样才能够逐步推动工作，不至于"革命未成身先死"，导致组织目标的"夭折"。

选择向前一步，而不是向后退一步。有时候，你要往前走一大步可能很难，但是你经过妥协之后，走一小步是一定可以的；照顾到他人的诉求和自己的诉求，从中找到一种平衡，实现双赢甚至多赢，才能把想做的事情做成，才能真正对组织的长远发展有利。

另外，在创业型企业，很多时候不能在所有条件都成熟的条件下才行动，而是先行动后不断迭代、调整优化，有时甚至是"先开枪后瞄准"。如何一边快速扩张，一边保持团队的凝聚力和执行力，就像盖楼一样，最好是边盖、边搅拌水泥，然后把它填上去夯实，才能为高楼奠定坚实的基础。

99. 为公司治理结构优化和组织结构
变革贡献价值

随着对公司高层决策的参与深度逐步增加，林枫越来越意识到，HR 高管要逐渐发挥对公司治理结构优化、组织结构变革的价值并做出积极贡献。他开始思考如何通过一整套包括正式或非正式的、内部的或外部的制度来协调公司与所有利益相关者之间的利益关系，以保证公司决策的科学性、有效性，从而最终维护公司各方面的利益。

林枫精心挑选了两本比较喜欢的书开始阅读，欧洲管理学大师弗雷德蒙德·马利克的《正确的公司治理》与《公司策略与公司治理》。其中，第一本书是作者在总结多年前身从事各类公司管理实践经验和分析世界主要发达国家公司治理存在的问题的基础上进行研究得出的真知灼见，第二本书清晰地描画了一幅用以掌握企业政策、灵活处理公司治理问题的路线图。

从 HR 高管视角来看，要处理好公司治理结构跟 HR 的关系问题。因为越来越多的员工持股，越来越多的企业股权变革，HR 不仅要解决薪酬问题，还要解决股权结构方面的问题，所以 HR 高管的工作要渗透到公司的治理结构里。

此外，HR 的创新要伴随着公司治理结构和组织结构的变革所带来的更大的空间，去进行机制创新。HR 高管的空间更大了，但需要有胆量和能力，有很大的魄力去做这件事情。

公司内很多问题，其实不仅仅是管理的问题，更有组织能力的问题，比如组织能力的缺失；人才结构也会影响组织的运行效能，所以 HR 高管要不仅仅是从人本身的角度去看，还要从上一层更宏观的角度去看，是员工个体、管理者个体的问题，还是人才结构的问题，或者是管理机制、组织能力的问题。

对于创业型企业而言，还要妥善处理与外部资本的关系。外部资本的强势，可能对公司治理提出了严峻的挑战。HR 高管要对资本有更全面的理解，要理顺公司治理和资本的关系，涉及怎么去定量、怎么给人力资本计价、怎么给技术资本计价等类似的问题，这些都是 HR 高管要研究的问题。

同时，HR 高管要帮助 CEO 以客户价值为导向，而非以股东价值为导向，注重加强竞争力，而非注重企业增值的经营理念，并在公司治理机制中得以体现。

十五、懂得 CEO 的心，做好向上管理

　　林枫直接汇报对象是 CEO，需要经常与高德沟通，如何更好地了解 CEO 的诉求，懂得 CEO 的心，让他工作得更有成效。同时，怎样争取关注与资源，以便 HR 工作更好地开展，是林枫也一直在思考、摸索的事情。

　　HR 高管需要有比较好的向上管理能力。如果从向上、向下、平级管理三个维度看，向上管理其实是最重要的，只有向上管理好了，才能更好地支撑 CEO 的工作，并落实公司战略重点任务，达成组织的目标。而且向上管理好了，就能够获得资源去做事情，没有资源就做不了事情。林枫在工作实践中也积累了不少与 CEO 沟通的方法，知道如何读懂 CEO 的心。

100. 领导相信你抓对了方向，就不会干预细节

在刚入职的半个月，高德经常主动找林枫介绍，以及沟通了解一些工作事项，对细节比较关注，担心林枫没有找对路子。在这个过程中，林枫在不断拟写年度 HR 重点工作方案，半个月以后，他向高德汇报了 HR 重点工作方案，花了两个多小时深入沟通了彼此的想法，了解高德对 HR 工作的期望，进行了比较细致的对标。

高德对 HR 重点工作方案非常认可，认为对业务的痛点分析得比较准确，重点工作抓得很准，而且思路很清晰，可落地性强，他就放心了。从这以后，高德就很少主动干预 HR 工作的细节，他对林枫的把握工作方向能力比较放心了。

对于刚入职的 HR 高管来说，首先要跟 CEO 进行大方向的对标，CEO 相信你抓对了方向，就不会过多干预细节上的事情，因为他相信你做的事情都是符合大方向的。

因为年度工作的时间跨度有点大，创业型企业经营情况变化比较快，需要及时刷新、动态调整阶段性重点工作。所以，除了年度重点工作方案外，林枫还习惯每个季度都做一个该季度的重点工作方案，先与业务部门主管沟通达成一致，再与 CEO 再次对

标。由于业务部门是每个季度都会审视刷新一下季度经营目标的，所以 HR 工作也要匹配上业务部门的目标，要配合经营重心转，才能提供有效的支撑。与 CEO 对标，是为了让 CEO 确认 HR 工作的方向没有问题，方向比细节更重要。

与 CEO 对标完重点工作之后，林枫就把重点工作细化、落实到 HR 团队每个人头上，让他们在分解到每个月的工作计划中，而且重点工作占他们季度绩效目标的比例必须大于 50%，其他部分的绩效目标可以根据员工岗位工作职责进行设定。

101. 抓大放小，就是小事放过，大事抓细

由于 HR 日常事务较多，林枫开始时经常"胡子眉毛一把抓"，大小事情区分不了重点，这被高德看在眼里，高德就和林枫做了一次深入沟通。他对林枫说："你做事情要抓大放小，就是大事抓细，小事放过。什么是大事，比如帮助业务部门设定绩效目标、与员工进行绩效结果沟通、能力薄弱的管理者辅导，还包括 HR 政策的制定与宣传落地、年会的组织等，这些都是影响公司全局及组织绩效、士气的事情。你要花足够的时间、精力去做细做透，不要出遗漏、差错。有些无伤大雅的事情，你可以放过，不急着做，或者授权其他人做，不要亲力亲为，花费太多时间、精力。你做一件 90 分以上的事情，比做十件 50 分的事情更强！"

高德这段话给了林枫很大启发，让他认识到自己应该把绝大部分的时间、精力花在一些核心的"大事"上，把它们做到 90 分以上，每次只做一件最重要的事情，但是要把它做透、抓细、抓出成效。

高德还让林枫买了十多本名为《最重要的事情只有一件》的书，送给所有的高管，让他们放在案头仔细阅读。这本书告诉大

家一个道理：要时刻思考，对你来说最重要的一件事情是什么？制定合理的目标，千方百计、想方设法、绞尽脑汁、集中资源与精力，把这件事情做好，把它做成"爆款"，这是很重要的做事策略，也是成功的秘诀。

林枫发现前期 HR 团队同步开展的事情太多，"战线"拉得太长，导致有些事情做得质量不高，或者由于过程管理不到位，导致效果没有完全达到预期。他及时让 HR 团队收缩"战线"，聚焦在少数几件重要的价值性事情上，要么不做，要做就做"爆款"，做得充分、彻底、完满。

因此，他要求大家事前做好充分准备与预热工作，过程的细节执行与沟通，后期的评估与闭环优化。少即是多，善始善终，善做善成，踏石留印，抓铁有痕。

102. 不关注成本，更关注导向、投入产出比

林枫在请高德决策一些人力资源活动事项的时候，他发现在某些方面高德比较宽松，在某些方面却对费用控制比较严格。比如对高端人才的引进（特别是领军人才）、优秀员工的激励、员工氛围的建设，他就非常大方；相反，对某些方面，比如差旅、会议、内部宴会等的支出，他却控制得很严格。

经过分析，林枫发现高德其实不是很关注成本本身，他更关注你为什么做这件事情，做这件事情的收益是什么，传递了什么导向。比如公司的价值观评奖及表彰、对入职三周年员工发放 999 纯金金币、对优秀员工的股票激励等，体现了公司对核心价值观的重视、鼓励员工与公司共同成长、资源向绩优员工倾斜等导向。同时，对低绩效员工，则要比绩优员工拿得少得多，会得到负面的激励。

林枫发现，高德经常挂在嘴边的词是 ROI（投资回报率），可见他最关注的是投入产出比。一位优秀的领导人都会如此，不在乎花钱，而在乎花钱是否花得有价值、有收益、有回报，是否传递了组织的正确导向。

所以，在这方面林枫也在调整自己的思路，在向高德汇报那

些需要资源投入的工作前，林枫会先把做这件事情的价值与导向想清楚，把投入产出比计算清楚，跟高德对上思路，再与高德沟通，这样做的沟通效率与成功率比较高。

103. 要顺水推舟、顺势而为

在与 CEO 沟通的时候，不同的时机去沟通，结果可能是不一样的，HR 高管需要把握好最佳时机去与 CEO 沟通。

首先，要尽量在上午的时间沟通，因为根据大脑的决策规律，在上午时，大脑比较清醒，决策质量与准确性比较高；午饭后的时间，决策质量逐步递减，决策的失误率逐步递增；到傍晚时跌到一个低点……所以，对于重要的事情，最好在上午的时候向 CEO 请示汇报。另外，如果到了下午，经过各种会议，处理了各种事情，人比较疲惫，情绪状态也不太好，这时候做的决策很可能没有经过大脑的深度思考，而是感性地进行判断，很容易把一些事情否决掉。

HR 的事情，很多时候是需要资源去做的，在经营"顺风顺水"的时候去做是最好的。比如经营好的时候，什么事情都好说，什么资源都比较容易争取；经营不好的时候，各种资源都比较难争取。

还有一个场景的因素，当有一些事情发生的时候，让领导对这件事情有了意识与思考，也就是引起了重视。比如有业务主管或员工向 CEO 刚反馈过公司团建太少的情况，这个时候 HR 提出团建的方案，就比较容易通过。

因为很多事情单靠 HR 一个角度直接去沟通或推动，可能 CEO 没有太大感觉，因为领导认为你只是从 HR 的角度去看，是为自己部门争取资源做事情，并没有考虑到业务的实际需要。但是，当业务主管、员工提出的时候，CEO 就会认为业务部门有这个需求，HR 也同时提出，CEO 就会觉得这是大家共同的需求，就比较容易通过。

这其实是助推的作用，你从一个方向去推的时候，也许难以成功，但这个时候有第三方从旁边给了助力，就能够让事情改变方向，推动事情更容易甚至做成。所以我们做事情一定要顺水推舟，不要逆水行舟；要顺势而为，不要逆势而行。

104. 相互磨合，陪着 CEO 一起成熟

林枫在与高德沟通的过程中，双方也会有一些小摩擦，甚至有冲突。在长时间接触过程中。高德的年龄比林枫还要小两岁，林枫发现高德在管理能力上面还是有一些欠缺的，有时候在情绪控制方面也做得不够好，在沟通时比较容易激动，有时候情绪控制不了会大声吼人，让别人很受伤。高德也特别喜欢谈论价值观问题，甚至有点过度了，有时开会花了大半天时间就是讲价值观问题，开始还有点效果，后来大家就有了免疫力了，失效了。另外，也许是大多数老板都存在的问题，就是想法易变，有的事情在已有决策并开展工作的情况下，一有变化就会给下属工作带来不便……

凡此种种，CEO 总有一些特点，这些 CEO 的特点，加上林枫自身的特点，双方偶尔会有摩擦，有时会有冲突。

有一次，林枫在与高德沟通后很失望，甚至有"打退堂鼓"的想法。后来，他和另一位公司高管沟通，另一位高管说自己也经历过这个阶段。

另一位高管说："其实你可以看到高德一直在改变，我们这个创业高管团队其实是相互在'磨'。我也是一直在和他讲一些

我认为对的东西，只要是对公司好的，他听了是会考虑的。这个沟通的过程，就是高层团队不断在相互'磨'的过程，大家各自的性格、管理方式、沟通方式都在不断的变化、不断的进步。这个过程，其实大家都是痛苦的，但是我们会被磨得越来越好，越来越成熟。所以，我们都要有耐心，耐心让 CEO 逐步完善，就像陪伴小孩一样，看着小孩慢慢长大，包括性格的成熟、能力的提升，这个过程就是需要包容和耐心的。也许，我们对 CEO 也要有同样的耐心。这就是创业型企业，因为他以前只在一家企业工作过，目前是第一次创业，还没有太多企业管理的经验，管理风格与价值观都比较单一，所以也在不断地成熟。"

听了这位高管的话，林枫顿时释然了。确实，对于创业型高管团队而言，大家都不甚完美，也不够成熟，需要不断去"磨"。通过这种反复的磨合，让所有的高层能够比较好地合作，就像齿轮无缝对接与"咬合"，带动公司"机器"向前发展。所有的高层都陪着 CEO 一起成熟，同时自己也在走向成熟，不断获得成长与进步，最终磨出一个伟大的企业创始团队。

105. 从资源的角度做好向上管理

林枫给公司的管理层讲授了一门关于如何做好管理的课程，里面讲到三个层面的管理，包括向上管理、向下管理、平行管理。

培训时，林枫会提出一个问题，就是这三个层面的管理哪一个最重要？很多参加培训的管理者都选择了向下管理。林枫强调向上管理是最重要的，为了说明这个观点，他引用了北京大学国家发展学院陈春花老师在其著作《管理的常识》一书中的描述：

管理的本质不是权力和头衔，而是资源的争取与调配。当你学会了资源的争取与调配，你就是随时随地都是一个管理者，根本不需要任何名头，也能发挥领导作用。

一个人的管理对象其实只有一个人，这个人就是你的直接上司。因为管理者需要资源，而资源的分配权力在你的上司手中。因此，当你从事管理工作时，你所需要的就是获得资源，这样你就需要对你的上司进行管理。

向上管理的核心，是建立并培养良好的工作关系。具体由五个方面组成：和谐的工作方式、相互期盼、信息流动、诚实与可靠、合理利用时间与资源。

向上管理，就是迎合上司的长处，尽量避免上司的短处，要不断自问：怎么做才能使上司的工作更顺利？利用 CEO 的资源和时间，保持正式的沟通，发挥 CEO 的长处，懂得欣赏与信任。

根据林枫的实践经验，向上管理需要管理者能够把握上司的意图，提前做好准备工作，主动向上进行管理，这样会给自己的工作赢得主动权，也会赢得更多的资源。所以，他对 CEO 的讲话会认真记录下来，并经常翻读揣摩他背后的意图，并提前在本部门的工作中落实。所以，当 CEO 问到的时候，往往他的工作已经开展到一定程度，甚至已经完成了。这赢得了 CEO 较高的评价。

林枫还总结出了几点与 CEO 沟通的技巧，并取得了比较好的沟通效果，他也分享给了其他的管理者，帮助他们与上司沟通得更顺利：

- 关注上司关注的事情，并快速执行到位。
- 要勤汇报，主动汇报。
- 先说结论，后说论点，言简意赅。
- 提出问题的同时，要提出解决方案。

十六、心志的修炼

106. 受得了委屈，胸怀是给委屈撑大的

作为 HR 高管，有些事情不仅是 HR 本身的事情，还是业务部门的事情，特别是有些决策，是公司整体管理层的集体决策，但是这件事情的"出口"是 HR，比如人员的绩效管理、晋升降职、调岗调薪、奖金政策等。还有些事情是由于业务部门处理不当，但给员工的感觉就是 HR 做的，比如某业务主管在不与 HR 确认的情况下，就私下定了一个规定，专业考试不合格绩效考核直接打 C，这在员工中引起了强烈的反弹，造成了不好的影响……这种情况，员工的第一感知就是 HR 干的，把"锅"扣在 HR 身上。

所以，业务主管与员工经常会抱怨 HR，说 HR 部门的不是，甚至直接指向 HR 部门的负责人，林枫一直有心理准备去背这样的"锅"，也承受了一些委屈。这种委屈其实是很多的，而且永远都不会消除。特别是 HR 高管有时候做的决策是基于组织整体、长远的利益，基于绝大多数员工的利益，但这些决策不可避免地给少数人带来了压力，甚至损害了他们的利益，比如给低绩效员工降职降薪或者淘汰，这时候往往要承受少数员工的误解，甚至谩骂。

还有一种情况就是 CEO 的"多变性"，CEO 一开始承诺的事情到后面可能想法变了，但是由你去实施，这个时候对外你还不能直接说是 CEO 的意见，而是以公司的名义，把 CEO 的新想法贯彻下去，但对于其他人来说，不管是谁的主意，只会认为是 HR 干的。

说不清、道不明，怎么办？受这种委屈，只能"打掉牙齿和血吞"，自己去消化掉。在开始的两三个月，有时候被这种委屈憋得心里难受，就向 CEO 倾诉，CEO 送给林枫一句话："要做伟大的事业，就要受得了委屈，胸怀是给委屈撑大的。"

107. 填坑力，就是你的核心能力

由于 Y 公司正处于快速发展阶段，组织的规模在不断扩大，很多新的 HR 项目与工作在开展，也会有很多新的问题会不断冒出来，组织的耐受度、管理团队的耐受度，还有 HR 团队的耐受度都在经受考验。我们会面临很多发展中的问题，包括主管、员工的疑问、不理解等，需要我们的沟通工作更有提前量、更细致、更充分。

林枫把目前的状况比喻成"在高速路上换轮胎"，很多突发情况发生，车可能有问题、乘客有问题、路况有问题，各种焦头烂额的事情在发生，面对问题，我们需要保持冷静，不管周边是嘘声还是掌声，要沉下心来把问题解决，坚持"就事论事、实事求是、解决问题"的十二字方针，坚持把车修好、把乘客安抚好、把车开到目的地。这才是我们最重要的任务，把大家顺利带到目的地，才是真正的成功。

每一个创业型企业都像 Y 公司一样，管理上都有很多不完善，甚至空白的地方，业务主管有太多的做不到位、不尽责的地方，中高层管理者的管理能力都存在跟不上的情况，员工由于职业化水平不高会犯一些"低级"的错误……这些都需要你去"填坑"。

　　林枫看到一篇文章，题目"填坑力，就是你的核心能力"，他深以为然。

　　确实如此，企业就是让你来解决问题的，把那些他们填不了的"坑"让你填上。只是这些"坑"可能是企业的发展过程中产生的"坑"（有的是创业型企业独有的、无法避免的"坑"），也可能是 CEO 自己挖的"坑"，还有的是业务主管挖的"坑"……各种类型的"坑"，各种原因形成的"坑"，这些"坑"都需要 HR 高管组织大家一起去填，这是 HR 高管义不容辞的责任。能不能把这些"坑"填好，体现了 HR 高管的担当、智慧与能力，HR 高管就是引领业务主管与广大员工不断向前探索，不断去填平道路，让团队能够不断往前冲，不让团队掉到"坑"里，不让 CEO 掉到"坑"里，不让业务主管掉到"坑"里，不让员工掉到"坑"里。

108. 相信在做对的事情，确保船到达目的地

　　HR 高管要有定见。什么是定见？就是确定的见解或主意。当你是专业的，你要确定自己在做对的事情，不要犹豫，不要被周边的流言蜚语左右，不要受其他人的冷嘲热讽影响，不要轻易去改变。

　　最重要的是知道你的目标是什么，你的目标就是要把企业这艘大船行驶到它应该到达的地方，而不管其中经历多少风雨，这才是 HR 高管的担当。所以，HR 高管的定见是非常重要的。望远方知风浪小，凌空始觉风波平。

　　HR 高管还要有洞见，要有看到远方的能力，要有规划的能力，要有坚毅的精神，要真正把事情做成了，把大家带到应该到达的地方，用结果来说话。当大家看到了你做成的事情，看到你带领大家所到之处是优美的风景，就会知道你用心良苦。

　　一个人内心不可屈服的气质是会感动人，并能够改变很多东西。今天所做的一切相加就等于未来。一个完全不同的结果，一定有一个完全不同的过程。你不改变这个过程就改变不了这个结果。

　　伟大的事业，熬人心血，却能给人感动。所有的事物，都有

正面和反面，都有人去给你评价，而只有事业才能证明一切。

我们一定要看到要成就的未来，看到未来的伟大光辉的事业，看到目标实现的样子，要坚定地相信它，要被它所鼓舞、所吸引。我们就是要成就远大的理想，当你盯着远方的伟大目标，就不会介意眼前的困难，不会纠结、苦恼于脚下的绊脚石，你就能够承受一切、接纳一切，能够超越于眼前的困难，把眼前的坎坷踏平了，大步往前走。

109. 慎言与尊重、包容

到创业型企业，懂得慎言很重要。林枫发现有的"空降兵"刚到企业的时候，更多看到的是别的岗位、别人做得不好的地方，会说三道四、指手画脚，认为自己很高明，总觉得别人不行。

其实，眼前看到的现象，有很多背景情况我们都是不了解的。我们不了解别人已经做了什么，也许已经做了，有的甚至已经做得比较好了，只是你不知道而已；或者开始就打算去做，但由于各种各样的原因没有开展下去……

创业公司在刚起步的时候，就是在极度有限的资源上，好不容易把人"拉过来"干活，能找到这些人已经不错了，还能把事情做起来，而且还能往前走……而我们一些新来的高管，可能看到这些人不行，但是没想到当初为什么招，在什么样的条件下招这些"不行"的人。

"新人"一定要学会看"老人"顺眼，一定要在充分理解与了解"老人"的基础上，才能有话语权；一定要站在对方的角度、对方的位置去思考，去体会对方的各种不容易，才有资格去发言。很多时候，在我们还没有看到对方行的时候，就说对方不行；还不知道对方做或没做、做得怎么样的时候，就说对方没有做或做得不好。我们都不了解别人的背景、经历过什么、已经做了什么、是否努力过，就没有权利指责别人、说三道四。保持理解与慎言是很重要的。

另外，"老人"对"新人"也要学会尊重与包容，特别是对于新来的管理层，我们要给他们创造宽松、包容的环境，让他们敢于去尝试、改变、创造一些不同的东西。因为每个人的到来，都是增加了我们事业成功的可能性，特别是他们来的时候，正是他们发挥正能量最好的时候，要给予他们足够的支持、包容和理解，要尊重他们做的事情、付出的努力，并给予足够的认可。"老人"这样做了，"新人"会很感激的，也愿意继续在公司发挥价值和作用，而且这对组织的长远发展也是有利的。

110. 要建立远大的格局与目标，培养企业家精神

HR 高管一定要建立远大的格局与目标，有大格局才能成就大事业，才能激励自己与团队。当然，远景目标要足够大，短期目标只要比能力高一点就可以。远景目标是用来憧憬的，它的作用是给团队指明方向；短期目标是用来激励的，它的作用是给团队加满油。所以，要获得足够大的成就，先要有足够大的梦想，然后勇敢地尝试。

每个人对创业这件事能扛多久，没有确定一个希望值。公司一年不赚钱行不行？两年不赚钱行不行？十年不能赚钱行不行呢？有的人能扛很久，有的人扛不了那么久。这种对不确定性、对暂时的不盈利的承受力，有时决定了一个人才能够获得多大的未来成就与收益。创业公司有苦给你吃 有机会让你当 Leader，有平台给你发挥，这是在很多大公司都没有的机会。

能在创业型企业里有所成就，需要企业家精神。HR 高管首先要具备企业家精神，而企业家精神是有一定特质的。林枫很喜欢王航先生（厚生投资创始合伙人、新希望集团副董事长）说过的一段话："一群怀揣大梦想的优秀年轻人聚集在一起，他们聪

明，具有绝佳的领悟力和创造力；他们平等，充满慈悲情怀和成就彼此的气度；他们勤奋，感知忘我工作中的乐趣和意义；他们追求真正的好，致力于改进流程、生成价值，并与藏存于企业中的贪腐、骄奢与浪费做坚决的斗争。他们在人生的中途、职场的前段，就发现了自己的使命，如果有人称他们为精英，他们必然要承担他们的使命。"

是的，我们就是这样一群年轻人，怀抱着大梦想与激情。

生命需要保持这种激情，当激情能让别人感到你不可阻挡的时候，就会为你的成功让路！

推荐作者得新书！

博瑞森征稿启事

亲爱的读者朋友：

感谢您选择了博瑞森图书！希望您手中的这本书能给您带来实实在在的帮助！

博瑞森一直致力于发掘好作者、好内容，希望能把您最需要的思想、方法，一字一句地交到您手中，成为管理知识与管理实践的桥梁。

但是我们也知道，有很多深入企业一线、经验丰富、乐于分享的优秀专家，或者忙于实战没时间，或者缺少专业的写作指导和便捷的出版途径，只能茫然以待……

还有很多在竞争大潮中坚守的企业，有着异常宝贵的实践经验和独特的洞察，但缺少专业的记录和整理者，无法让企业的经验和故事被更多的人了解、学习……

对读者而言，这些都太遗憾了！

博瑞森非常希望能将这些埋藏的"宝藏"发掘出来，贡献给广大读者，让更多的人从中受益。

所以，我们真心地邀请您，我们的老读者，帮我们搜寻：

推荐作者

可以是您自己或您的朋友，只要对本土管理有实践、有思考；可以是您通过网络、杂志、书籍或其他途径了解的某位专家，不管名气大小，只要他的思想和方法曾让您深受启发。

可以是管理类作品，也可以超出管理，各类优秀的社科作品或学术作品。

推荐企业

可以是您自己所在的企业，或者是您熟悉的某家企业，其创业过程、运营经历、产品研发、机制创新，等等。无论企业大小，只要乐于分享、有值得借鉴书写之处。

总之，好内容就是一切！

博瑞森绝非"自费出书"，出版费用完全由我们承担。您推荐的作者或企业案例一经采用，我们会立刻向您赠送书币 1000 元，可直接换取任何博瑞森图书的纸书或电子书。

感谢您对本土管理原创、博瑞森图书的支持！

推荐投稿邮箱:bookgood@ 126. com　　推荐手机:13611149991

1120 本土管理实践与创新论坛

这是由 100 多位本土管理专家联合创立的企业管理实践学术交流组织,旨在孵化本土管理思想、促进企业管理实践、加强专家间交流与协作。

论坛每年集中力量办好两件大事:第一,"**出一本书**",汇聚一年的思考和实践,把最原创、最前沿、最实战的内容集结成册,贡献给读者;第二,"**办一次会**",每年 11 月 20 日本土管理专家们汇聚一堂,碰撞思想、研讨案例、交流切磋、回馈社会。

论坛理事名单(以年龄为序,以示传承之意)

首届常务理事:

| 彭志雄 | 曾 伟 | 施 炜 | 杨 涛 | 张学军 | 郭 晓 | 程绍珊 |
| 胡八一 | 王祥伍 | 李志华 | 陈立云 | 杨永华 | | |

理　　事:

张再林	卢根鑫	刘文瑞	王铁仁	周荣辉	罗 珉	房西苑
曾令同	黄民兴	陆和平	孟广桥	宋杼宸	张国祥	刘承元
叶兴平	曹子祥	宋新宇	吴越舟	吴 坚	杜建君	戴欣明
仲昭川	刘春雄	刘祖轲	张茂泽	段继东	陈立胜	梁 涛
何 慕	秦国伟	贺兵一	罗海容	张小虎	陈忠建	郭 剑
余晓雷	黄中强	朱玉童	沈 坤	阎立忠	张 进	丁兴良
朱仁健	薛宝峰	史贤龙	卢 强	史幼波	黄剑黎	叶敦明
王 涛	李文才	王 强	张远凤	陈 明	廖信琳	岑立聪
方 刚	何足奇	周 俊	杨 奕	孙行健	孙嘉晖	张东利
郭富才	叶 宁	何 屹	沈 奎	王明胤	王 超	马宝琳
谭长春	杨竣雄	夏惊鸣	张 博	段传敏	李洪道	胡浪球
孙 波	唐江华	程 翔	翟玉忠	刘红明	杨鸿贵	伯建新
高可为	李 蓓	王春强	孔祥云	戴 勇	贾同领	罗宏文
张兵武	史立臣	李政权	余 盛	陈小龙	尚 锋	邢 雷

余伟辉　李小勇　苗庆显　孙　巍　陈继展　全怀周　林延君
王清华　初勇钢　陈　锐　高继中　聂志新　黄　屹　沈　拓
徐伟泽　潦　寒　谭洪华　崔自三　王玉荣　蒋　军　侯军伟
黄润霖　朱伟杰　金国华　吴　之　葛新红　周　剑　崔海鹏
李治江　陈海超　柏　龑　唐道明　刘书生　朱志明　曲宗恺
杜　忠　黄渊明　王献永　范月明　吕　林　刘文新　赵晓萌
张　伟　韩　旭　韩友诚　熊亚柱　秦海林　孙彩军　刘　雷
贺小林　王庆云　黄　娜　俞士耀　田　军　丁　昀　张小峰
黄　磊　罗晓慧　赵海永　伏泓霖　任彭枞　梁小平　鄢圣安
马方旭　乐　涛　杨晓燕　欧阳莉华　陈　慧　张　璐

企业案例·老板传记

书名.作者	内容/特色	读者价值
你不知道的加多宝:原市场部高管讲述 曲宗恺 牛玮娜 著	前加多宝高管解读加多宝	全景式解读,原汁原味
借力咨询:德邦成长背后的秘密 官同良 王祥伍 著	讲述德邦是如何借助咨询公司的力量进行自身与发展的	来自德邦内部的第一线资料,真实、珍贵,令人受益匪浅
娃哈哈区域标杆:豫北市场营销实录 罗宏文 赵晓萌 等著	本书从区域的角度来写娃哈哈河南分公司豫北市场是怎么进行区域市场营销,成为娃哈哈全国第一大市场、全国增量第一高市场的一些操作方法	参考性、指导性,一线真实资料
六个核桃凭什么:从 0 过 100 亿 张学军 著	首部全面揭秘养元六个核桃裂变式成长的巨著	学习优秀企业的成长路径,了解其背后的理论体系
像六个核桃一样:打造畅销品的 36 个简明法则 王 超 范 萍 著	本书分上下两篇:包括"六个核桃"的营销战略历程和 36 条畅销法则	知名企业的战略历程极具参考价值,36 条法则提供操作方法
解决方案营销实战案例 刘祖轲 著	用 10 个真案例讲明白什么是工业品的解决方案式营销,实战、实用	有干货,真正操作过的才能写得出来
招招见销量的营销常识 刘文新 著	如何让每一个营销动作都直指销量	适合中小企业,看了就能用
我们的营销真案例 联纵智达研究院 著	五芳斋粽子从区域到全国/诺贝尔瓷砖门店销量提升/利豪家具出口转内销/汤臣倍健的营销模式	选择的案例都很有代表性,实在、实操!
中国营销战实录:令人拍案叫绝的营销真案例 联纵智达 著	51 个案例,42 家企业,38 万字,18 年,累计 2000 余人次参与……	最真实的营销案例,全是一线记录,开阔眼界
双剑破局:沈坤营销策划案例集 沈 坤 著	双剑公司多年来的精选案例解析集,阐述了项目策划中每一个营销策略的诞生过程,策划角度和方法	一线真实案例,与众不同的策划角度令人拍案叫绝、受益匪浅
宗:一位制造业企业家的思考 杨 涛 著	1993 年创业,引领企业平稳发展 20 多年,分享独到的心得体会	难得的一本老板分享经验的书
简单思考:AMT 咨询创始人自述 孔祥云 著	著名咨询公司(AMT)的 CEO 创业历程中点点滴滴的经验与思考	每一位咨询人,每一位创业者和管理经营者,都值得一读
边干边学做老板 黄中强 著	创业 20 多年的老板,有经验、能写、又愿意分享,这样的书很少	处处共鸣,帮助中小企业老板少走弯路
三四线城市超市如何快速成长:解密甘雨亭 IBMG 国际商业管理集团 著	国内外标杆企业的经验 + 本土实践量化数据 + 操作步骤、方法	通俗易懂,行业经验丰富,宝贵的行业量化数据,关键思路和步骤
中国首家未来超市:解密安徽乐城 IBMG 国际商业管理集团 著	本书深入挖掘了安徽乐城超市的试验案例,为零售企业未来的发展提供了一条可借鉴之路	通俗易懂,行业经验丰富,宝贵的行业量化数据,关键思路和步骤

(左侧竖排) 企业案例·老板传记

互联网 +

书名・作者	内容/特色	读者价值
新营销 刘春雄 著	新营销的新框架体系是场景是产品逻辑，IP是品牌逻辑，社群是连接逻辑，传播是营销逻辑	助力品牌商实现由传统营销到新营销的理念和行动的跨越，助力企业打赢升级转型之仗
企业微信营销全指导 孙 巍 著	专门给企业看到的微信营销书，手把手教企业从小白到微信营销专家	企业想学微信营销现在还不晚，两眼一抹黑也不怕，有这本书就够
企业网络营销这样做才对：B2B 大宗B2C 张 进 著	简单直白拿来就用，各种窍门信手拈来，企业网络营销不麻烦也不用再头疼，一般人不告诉他	B2B、大宗B2C企业有福了，看了就能学会网络营销
互联网时代的银行转型 韩友诚 著	以大量案例形式为读者全面展示和分析了银行的互联网金融转型应对之道	结合本土银行转型发展案例的书籍
正在发生的转型升级・实践 本土管理实践与创新论坛 著	企业在快速变革期所展现出的管理变革新成果、新方法、新案例	重点突出对于未来企业管理相关领域的趋势研判
触发需求：互联网新营销样本・水产 何足奇 著	传统产业都在苦闷中挣扎前行，本书通过鲜活的案例告诉你如何以需求链整合供应链，从而把大家熟知的传统行业打碎了重构、重做一遍	全是干货，值得细读学习，并且作者的理论已经经过了他亲自操刀的实践检验，效果惊人，就在书中全景展示
移动互联新玩法：未来商业的格局和趋势 史贤龙 著	传统商业、电商、移动互联，三个世界并存，这种新格局的玩法一定要懂	看清热点的本质，把握行业先机，一本书搞定移动互联网
微商生意经：真实再现33个成功案例操作全程 伏泓霖 罗晓慧 著	本书为33个真实案例，分享案例主人公在做微商过程中的经验教训	案例真实，有借鉴意义
阿里巴巴实战运营——14招玩转诚信通 聂志新 著	本书主要介绍阿里巴巴诚信通的十四个基本推广操作，从而帮助使用诚信通的用户及企业更好地提升业绩	基本操作，很多可以边学边用，简单易学
互联网精准营销：创造爆发式的商业价值 蒋 军 著	怎么在互联网时代整体策划、包装品牌和产品，并在此基础上为企业设计商业模式、技术实现并运营落地	为有基础的小微企业（大企业的新项目）1年实现销售额过亿，2年对接资本，3年左右准IPO
今后这样做品牌：移动互联时代的品牌营销策略 蒋 军 著	与移动互联紧密结合，告诉你老方法还能不能用，新方法怎么用	今后这样做品牌就对了
互联网+"变"与"不变"：本土管理实践与创新论坛集萃・2016 本土管理实践与创新论坛 著	本土管理领域正在产生自己独特的理论和模式，尤其在移动互联时代，有很多新课题需要本土专家们一起研究	帮助读者拓宽眼界、突破思维

	书名·作者	内容/特色	读者价值
互联网+	创造增量市场:传统企业互联网转型之道 刘红明 著	传统企业需要用互联网思维去创造增量,而不是用电子商务去转移传统业务的存量	教你怎么在"互联网+"的海洋中创造实实在在的增量
	重生战略:移动互联网和大数据时代的转型法则 沈 拓 著	在移动互联网和大数据时代,传统企业转型如同生命体打算与再造,称之为"重生战略"	帮助企业认清移动互联网环境下的变化和应对之道
	画出公司的互联网进化路线图:用互联网思维重塑产品、客户和价值 李 蓓 著	18个问题帮助企业一步步梳理出互联网转型思路	思路清晰、案例丰富,非常有启发性
	7个转变,让公司3年胜出 李 蓓 著	消费者主权时代,企业该怎么办	这就是互联网思维,老板有能这样想,肯定倒不了
	跳出同质思维,从跟随到领先 郭 剑 著	66个精彩案例剖析,帮助老板突破行业长期思维惯性	做企业竟然有这么多玩法,开眼界

行业类:零售、白酒、食品/快消品、农业、医药、建材家居等

	书名·作者	内容/特色	读者价值
零售·超市·餐饮·服装	总部有多强大,门店就能走多远 IBMG 国际商业管理集团 著	如何把总部做强,成为门店的坚实后盾	了解总部建设的方法与经验
	超市卖场定价策略与品类管理 IBMG 国际商业管理集团 著	超市定价策略与品类管理实操案例和方法	拿来就能用的理论和工具
	连锁零售企业招聘与培训破解之道 IBMG 国际商业管理集团 著	围绕零售企业组织架构、培训体系建设等内容进行深刻探讨	破解人才发现和培养瓶颈的关键点
	中国首家未来超市:解密安徽乐城 IBMG 国际商业管理集团 著	介绍了乐城作为中国首家未来超市从无到有的传奇经历	了解新型零售超市的运作方式及管理特色
	三四线城市超市如何快速成长:解密甘其亭 IBMG 国际商业管理集团 著	揭秘一家三四线连锁超市的经验策略	不但可以欣赏它的优点,而且可以学会它成功的方法
	涨价也能卖到翻 村松达大 【口】	提升客单价的15种实用、有效的方法	日本企业在这方面非常值得学习和借鉴
	移动互联下的超市升级 联商网专栏频道 著	深度解析超市转型升级重点	帮助零售企业把握全局、看清方向
	手把手教你做专业督导:专卖店、连锁店 熊亚柱 著	从督导的职能、作用,在工作中需要的专业技能、方法,都提供了详细的解读和训练办法,同时附有大量的表单工具	无论是店铺需要统一培训,还是个人想成为优秀的督导,有这一本就够了
	百货零售全渠道营销策略 陈继展 著	没有照本宣科、说教式的絮叨,只有笔者对行业的认知与理解,庖丁解牛式的逐项解析、展开	通俗易懂,花极少的时间快速掌握该领域的知识及趋势

零售·超市·餐饮·服装	零售:把客流变成购买力 丁昀 著	如何通过不断升级产品和体验式服务来经营客流	如何进行体验营销,国外的好经营,这方面有启发
	餐饮企业经营策略第一书 吴坚 著	分别从产品、顾客、市场、盈利模式等几个方面,对现阶段餐饮企业的发展提出策略和思路	第一本专业的、高端的餐饮企业经营指导书
	电影院的下一个黄金十年:开发·差异化·案例 李保煜 著	对目前电影院市场存大的问题及如何解决进行了探讨与解读	多角度了解电影院运营方式及代表性案例
	赚不赚钱靠店长:从懂管理到会经营 孙彩军 著	通过生动的案例来进行剖析,注重门店管理细节方面的能力提升	帮助终端门店店长在管理门店的过程中实现经营思路的拓展与突破
耐消品	商用车经销商运营实战 杜建君 王朝阳 章晓青等著	从管理到经营,从销售到服务,系统化运作全指导	为经销商经营开阔思路,掌握方法
	汽车配件这样卖:汽车后市场销售秘诀100条 俞士耀 著	汽配销售业务员必读,手把手教授最实用的方法,轻松得来好业绩	快速上岗,专业实效,业绩无忧
	跟行业老手学经销商开发与管理:家电、耐消品、建材家居 黄润霖 著	全部来源于经销商管理的一线问题,作者用丰富的经验将每一个问题落实到最便捷快速的操作方法上去	书中每一个问题都是普通营销人亲口提出的,这些问题你也会遇到,作者进行的解答则精彩实用
白酒	酒水饮料快消品餐饮渠道营销手册 朱伟杰 著	主要针对快消品(酒水、饮料)的餐饮渠道,提供了区域、商圈、不同业态的规划和促销安排等多种工具,并提出了经销商、批发商等相关人员的管理方法	一本酒水饮料如何在餐饮渠道销售的全能手册,内容深入翔实,可以直接照搬套用,这样的便利简直千金不换
	白酒到底如何卖 赵海永 著	以市场实战为主,多层次、全方位、多角度地阐释了白酒一线市场操作的最新模式和方法,接地气	实操性强,37个方法、6大案例帮你成功卖酒
	变局下的白酒企业重构 杨永华 著	帮助白酒企业从产业视角看清趋势,找准位置,实现弯道超车的书	行业内企业要减少90%,自己在什么位置,怎么做,都清楚了
	1. 白酒营销的第一本书(升级版) 2. 白酒经销商的第一本书 唐江华 著	华泽集团湖南开口笑公司品牌部长,擅长酒类新品推广、新市场拓展	扎根一线,实战
	区域型白酒企业营销必胜法则 朱志明 著	为区域型白酒企业提供35条必胜法则,在竞争中赢销的葵花宝典	丰富的一线经验和深厚积累,实操实用
	10步成功运作白酒区域市场 朱志明 著	白酒区域操盘者必备,掌握区域市场运作的战略、战术、兵法	在区域市场的攻伐防守中运筹帷幄,立于不败之地
	酒业转型大时代:微酒精选2014–2015 微酒 主编	本书分为五个部分:当年大事件、那些酒业营销工具、微酒独立策划、业内大调查和十大经典案例	了解行业新动态、新观点,学习营销方法

快消品·食品	中国快消品营销的这些年 史贤龙　著	作者精华文章的合集,一本书浓缩了过去十五年,中国营销的实战历程与前沿思考	快消品营销行业的案例和方法都原汁原味呈现,在反映当时风貌的同时,展望与反思
	营销中国茶:2小时读懂茶叶营销 史贤龙　著	从不同视角对中国的茶营销进行了思考,内容涉及中国茶产业战略困境、茶企规模化、茶品牌崛起、茶文化、茶营销、茶消费、茶零售、茶道等	内容丰富扎实,文字流畅,浓缩的都是精华,让你2小时读懂茶叶营销
	这样打造快消品标杆市场 罗宏文　著	帮助你解决如何成功打造标杆市场和进行持续增量管理两大问题	一套系统的方法论,通俗易懂,可以直接套用
	5小时读懂快消品营销:中国快消品案例观察 陈海超　著	多年营销经验的一线老手把案例掰开了,揉碎了,从中得出的各种手段和方法给读者以帮助和启发	营销那些事儿的个中秘辛,求人还不一定告诉你,这本书里就有
	快消品招商的第一本书:从入门到精通 刘雷　著	深入浅出,不说废话,有工具方法,通俗易懂	让零基础的招商新人快速学习书中最实用的招商技能,成长为骨干人才
	乳业营销第一书 侯军伟　著	对区域乳品企业生存发展关键性问题的梳理	唯一的区域乳业营销书,区域乳品企业一定要看
	食用油营销第一书 余盛　著	10多年油脂企业工作经验,从行业到具体实操	食用油行业第一书,当之无愧
	中国茶叶营销第一书 柏龑　著	如何跳出茶行业"大文化小产业"的困境,作者给出了自己的观察和思考	不是传统做茶的思路,而是现在商业做茶的思路
	调味品营销第一书 陈小龙　著	国内唯一一本调味品营销的书	唯一的调味品营销的书,调味品的从业者一定要看
	快消品营销人的第一本书:从入门到精通 刘雷　伯建新　著	快消行业必读书,从入门到专业	深入细致,易学易懂
	变局下的快消品营销实战策略 杨永华　著	通胀了,成本增加,如何从被动应战变成主动的"系统战"	作者对快消品行业非常熟悉、非常实战
	快消品经销商如何快速做大 杨永华　著	本书完全从实战的角度,评述现象,解析误区,揭示原理,传授方法	为转型期的经销商提供了解决思路,指出了发展方向
	一位销售经理的工作心得 蒋军　著	一线营销管理人员想提升业绩却无从下手时,可以看看这本书	一线的真实感悟
	快消品营销:一位销售经理的工作心得2 蒋军　著	快消品、食品饮料营销的经验之谈,重点图书	来源与实战的精华总结
	快消品营销与渠道管理 谭长春　著	将快消品标杆企业渠道管理的经验和方法分享出来	可口可乐、华润的一些具体的渠道管理经验,实战
	成为优秀的快消品区域经理(升级版) 伯建新　著	用"怎么办"分析区域经理的工作关键点,增加30%全新内容,更贴近环境变化	可以作为区域经理的"速成催化剂"

快消品·食品	销售轨迹:一位快消品营销总监的拼搏之路 秦国伟 著	本书讲述了一个普通销售员打拼成为跨国企业营销总监的真实奋斗历程	激励人心,给广大销售员以力量和鼓舞
	快消老手都在这样做:区域经理操盘锦囊 方 刚 著	非常接地气,全是多年沉淀下来的干货,丰富的一线经验和实操方法不可多得	在市场摸爬滚打的"老油条",那些独家绝招妙招一般你都是问不来的
	动销四维:全程辅导与新品上市 高继中 著	从产品、渠道、促销和新品上市详细讲解提高动销的具体方法,总结作者18年的快消品行业经验,方法实操	内容全面系统,方法实操
农业	新农资如何换道超车 刘祖轲 等著	从农业产业化、互联网转型、行业营销与经营突破四个方面阐述如何让农资企业占领先机、提前布局	南方略专家告诉你如何应对资源浪费、生产效率低下、产能严重过剩、价格与价值严重扭曲等
	中国牧场管理实战:畜牧业、乳业必读 黄剑黎 著	本书不仅提供了来自一线的实际经验,还收入了丰富的工具文档与表单	填补空白的行业必读作品
	中小农业企业品牌战法 韩 旭 著	将中小农业企业品牌建设的方法,从理论讲到实践,具有指导性	全面把握品牌规划,传播推广,落地执行的具体措施
	农资营销实战全指导 张 博 著	农资如何向"深度营销"转型,从理论到实践进行系统剖析,经验资深	朴实、使用!不可多得的农资营销实战指导
	农产品营销第一书 胡浪球 著	从农业企业战略到市场开拓、营销、品牌、模式等	来源于实践中的思考,有启发
	变局下的农牧企业9大成长策略 彭志雄 著	食品安全、纵向延伸、横向联合、品牌建设……	唯一的农牧企业经营实操的书,农牧企业一定要看
医药	在中国,医药营销这样做:时代方略精选文集 段继东 主编	专注于医药营销咨询15年,将医药营销方法的精华文章合编,深入全面	可谓医药营销领域的顶尖著作,医药界读者的必读书
	医药新营销:制药企业、医药商业企业营销模式转型 史立臣 著	医药生产企业和商业企业在新环境下如何做营销?老方法还有没有用?如何寻找新方法?新方法怎么用?本书给你答案	内容非常现实接地气,踏实谈问题说方法
	医药企业转型升级战略 史立臣 著	药企转型升级有5大途径,并给出落地步骤及风险控制方法	实操性强,有作者个人经验总结及分析
	新医改下的医药营销与团队管理 史立臣 著	探讨新医改对医药行业的系列影响和医药团队管理	帮助理清思路,有一个框架
	医药营销与处方药学术推广 马宝琳 著	如何用医学策划把"平民产品"变成"明星产品"	有真货、讲真话的作者,堪称处方药营销的经典!
	医药行业大洗牌与药企创新 林延君 沈 斌 著	一方面,围绕着变革,多角度阐述药企的应对之道;另一方面,紧扣实践,介绍近百家医药企业创新实践案例	医改变革10年,医药企业如何应对大洗牌?重磅出击的药人必读书
	新医改了,药店就要这样开 尚 锋 著	药店经营、管理、营销全攻略	有很强的实战性和可操作性

医药	电商来了，实体药店如何突围 尚锋 著	电商崛起，药店该如何突围？本书从促销、会员服务、专业性、客单价等多重角度给出了指导方向	实战攻略，拿来就能用
	OTC医药代表药店销售36计 鄢圣安 著	以《三十六计》为线，写OTC医药代表向药店销售的一些技巧与策略	案例丰富，生动真实，实操性强
	OTC医药代表药店开发与维护 鄢圣安 著	要做到一名专业的医药代表，需要做什么、准备什么、知识储备、操作技巧等	医药代表药店拜访的指导手册，手把手教你快速上手
	引爆药店成交率1：店员导购实战 范月明 著	一本书解决药店导购所有难题	情景化、真实化、实战化
	引爆药店成交率2：经营落地实战 范月明 著	最接地气的经营方法全指导	揭示了药店经营的几类关键问题
	引爆药店成交率：专业化销售解决方案 范月明 著	药品搭配分析与关联销售	为药店人专业化助力
	处方药零售这样做 田军 著	阐述了处方药零售的重要性，以及做处方药零售市场的具体措施和方法	系统性了解和掌握处方药零售方法
建材家居	成为最赚钱的家具建材经销商 李治江 著	从销售模式、产品、门店等老板们最关注和最需要的方面解决问题、提供方法	只要你是建材、家具、家居用品的经销商老板，这就是一本必读的书
	家具行业操盘手 王献永 著	家具行业问题的终结者	解决了千家万店还有没有前途？为什么同城多店的家具经销商很难做大做强等问题
	建材家居营销：除了促销还能做什么 孙嘉晖 著	一线老手的深度思考，告诉你在建材家居营销模式基本停滞的今天，除了促销，营销还能怎么做	给你的想法一场革命
	建材家居营销实务 程绍珊 杨鸿贵 主编	价值营销运用到建材家居，每一步都让客户增值	有自己的系统、实战
	家居建材门店6力爆破 贾同领 著	合盘道出一线品牌销量秘籍	6力招招见血，既有招数，又有策略
	建材家居门店销量提升 贾同领 著	店面选址、广告投放、推广助销、空间布局、生动展示、店面运营等	门店销量提升是一个系统工程，非常系统、实战
	10步成为最棒的建材家居门店店长 徐伟泽 著	实际方法易学易用，让员工能够迅速成长，成为独当一面的好店长	只要坚持这样干，一定能成为好店长
	手把手帮建材家居导购业绩倍增：成为顶尖的门店店员 熊亚柱 著	生动的表现形式，让普通人也能成为优秀的导购员，让门店业绩长红	读着有趣，用着简单，一本在手，业绩无忧
	建材家居经销商实战42章经 王庆云 著	告诉经销商：老板怎么当、团队怎么带、生意怎么做	忠言逆耳，看着不舒服就对了，实战总结，用一招半式就值了

工业品	**销售是门专业活:B2B、工业品** 陆和平　著	销售流程就应该跟着客户的采购流程和关注点的变化向前推进,将一个完整的销售过程分成十个阶段,提供具体方法	销售不是请客吃饭拉关系,是个专业的活计!方法在手,走遍天下不愁
	解决方案营销实战案例 刘祖轲　著	用10个真案例讲明白什么是工业品的解决方案式营销,实战、实用	有干货,真正操作过的才能写得出来
	变局下的工业品企业7大机遇 叶敦明　著	产业链条的整合机会、盈利模式的复制机会、营销红利的机会、工业服务商转型机会……	工业品企业还可以这样做,思维大突破
	工业品市场部实战全指导 杜　忠　著	工业品市场部经理工作内容全指导	系统、全面、有理论、有方法,帮助工业品市场部经理更快提升专业能力
	工业品营销管理实务 李洪道　著	中国特色工业品营销体系的全面深化、工业品营销管理体系优化升级	工具更实战,案例更鲜活,内容更深化
	工业品企业如何做品牌 张东利　著	为工业品企业提供最全面的品牌建设思路	有策略、有方法、有思路、有工具
	丁兴良讲工业4.0 丁兴良　著	没有枯燥的理论和说教,用朴实直白的语言告诉你工业4.0的全貌	工业4.0是什么?本书告诉你答案
	资深大客户经理:策略准,执行狠 叶敦明　著	从业务开发、发起攻势、关系培育、职业成长四个方面,详述了大客户营销的精髓	满满的全是干货
	一切为了订单:订单驱动下的工业品营销实战 唐道明　著	其实,所有的企业都在围绕着两个字在开展全部的经营和管理工作,那就是"订单"	开发订单、满足订单、扩大订单。本书全是实操方法,字字珠玑、句句干货,教你获得营销的胜利
金融	**交易心理分析** (美)马克·道格拉斯　著 刘真如　译	作者一语道破赢家的思考方式,并提供了具体的训练方法	不愧是投资心理的第一书,绝对经典
	精品银行管理之道 崔海鹏　何　屹　主编	中小银行转型的实战经验总结	中小银行的教材很多,实战类的书很少,可以看看
	支付战争 Eric M. Jackson　著 徐　彬　王　晓　译	PayPal创业期营销官,亲身讲述PayPal从诞生到壮大到成功出售的整个历史	激烈、有趣的内幕商战故事!了解美国支付市场的风云巨变
	中外并购名著专业阅读指南 叶兴平　等著	在5000多本并购类图书中精选的200著作,在阅读的基础上写的读书评价	精挑细选200本并一一评介,省去读者挑选的烦恼,快捷、高效
	互联网时代的银行转型 韩友诚　著	以大量案例形式为读者全面展示和分析了银行的互联网金融转型应对之道	结合本土银行转型发展案例的书籍

	书名.作者	内容/特色	读者价值
房地产	产业园区/产业地产规划、招商、运营实战 阎立忠 著	目前中国第一本系统解读产业园区和产业地产建设运营的实战宝典	从认知、策划、招商到运营全面了解地产策划
	人文商业地产策划 戴欣明 著	城市与商业地产战略定位的关键是不可复制性,要发现独一无二的"味道"	突破千城一面的策划困局
	电影院的下一个黄金十年:开发·差异化·案例 李保煜 著	对目前电影市场存大的问题及如何解决进行了探讨与解读	多角度了解电影院运营方式及代表性案例
能源	全能型班组:城市能源互联网与电力班组升级 国网天津市电力公司 编著	借鉴国内外优秀企业的转型升级思路,通过对于新型班组组织模式和运行机制的大胆设想,力图构建充分适应内外环境变化的全能型班组	看看庞大的国企在新环境下是如何顺应时代的
	国网天津电力全能型班组建设实务 国网天津市电力公司 编著	本书聚焦于天津电力公司在探索全能型班组转型升级时的优秀实践	电力行业的班组实践,具体、可操作性强

经营类:企业如何赚钱,如何抓机会,如何突破,如何"开源"

	书名.作者	内容/特色	读者价值
抓方向	让经营回归简单.升级版 宋新宇 著	化繁为简抓住经营本质:战略、客户、产品、员工、成长	经典,做企业就这几个关键点!
	混沌与秩序Ⅰ:变革时代企业领先之道 混沌与秩序Ⅱ:变革时代管理新思维 彭剑锋 尚艳玲 主编	汇集华夏基石专家团队10年来研究成果,集中选择了其中的精华文章编纂成册	作者都是既有深厚理论积淀又有实践经验的重磅专家,为中国企业和企业家的未来提出了高屋建瓴的观点
	活系统:跟任正非学当老板 孙行健 尹贤 著	以任正非的独到视角,教企业老板如何经营公司	看透公司经营本质,激活企业活力
	重构:快消品企业重生之道 杨永华 著	从7个角度,帮助企业实现系统性的改造	提供转型思想与方法,值得参考
	公司由小到大要过哪些坎 卢强 著	老板手里的一张"企业成长路线图"	现在我在哪儿,未来还要走哪些路,都清楚了
	企业二次创业成功路线图 夏惊鸣 著	企业曾经抓住机会成功了,但下一步该怎么办?	企业怎样获得第二次成功,心里有个大框架了
	老板经理人双赢之道 陈明 著	经理人怎选养选平台、怎么开局,老板怎样选/育/用/留	老板生闷气,经理人牢骚大,这次知道该怎么办了
	简单思考:AMT 咨询创始人自述 孔祥云 著	著名咨询公司(AMT)的CEO创业历程中点点滴滴的经验与思考	每一位咨询人,每一位创业者和管理经营者,都值得一读
	企业文化的逻辑 王祥伍 黄健江 著	为什么企业绩效如此不同,解开绩效背后的文化密码	少有的深刻,有品质,读起来很流畅
	使命驱动企业成长 高可为 著	钱能让一个人今天努力,使命能让一群人长期努力	对于想做事业的人,'使命'是绕不过去的

思维突破	盈利原本就这么简单 高可为　著	从财务的角度揭示企业盈利的秘密	多方面解读商业模式与盈利的关系,通俗易懂,受益匪浅
	移动互联新玩法:未来商业的格局和趋势 史贤龙　著	传统商业、电商、移动互联,三个世界并存,这种新格局的玩法一定要懂	看清热点的本质,把握行业先机,一本书搞定移动互联网
	画出公司的互联网进化路线图:用互联网思维重塑产品、客户和价值 李蓓　著	18个问题帮助企业一步步梳理出互联网转型思路	思路清晰、案例丰富,非常有启发性
	重生战略:移动互联网和大数据时代的转型法则 沈拓　著	在移动互联网和大数据时代,传统企业转型如同生命体打算与再造,称之为"重生战略"	帮助企业认清移动互联网环境下的变化和应对之道
	创造增量市场:传统企业互联网转型之道 刘红明　著	传统企业需要用互联网思维去创造增量,而不是用电子商务去转移传统业务的存量	教你怎么在"互联网+"的海洋中创造实实在在的增量
	7个转变,让公司3年胜出 李蓓　著	消费者主权时代,企业该怎么办	这就是互联网思维,老板有能这样想,肯定倒不了
	跳出同质思维,从跟随到领先 郭剑　著	66个精彩案例剖析,帮助老板突破行业长期思维惯性	做企业竟然有这么多玩法,开眼界
	麻烦就是需求　难题就是商机 卢根鑫　著	如何借助客户的眼睛发现商机	什么是真商机,怎么判断、怎么抓,有借鉴
	互联网+"变"与"不变":本土管理实践与创新论坛集萃·2016 本土管理实践与创新论坛　著	加速本土管理思想的孕育诞生,促进本土管理创新成果更好地服务企业、贡献社会	各个作者本年度最新思想,帮助读者拓宽眼界、突破思维
	消费升级:实践　研究(文集) 本土管理实践与创新论坛　著	38位管理专家及7位学者的精华思想,从经营、管理、行业及思想研究四个方面阐述中国企业在消费升级下的实践与研究	思想启发,行业借鉴
财务	写给企业家的公司与家庭财务规划——从创业成功到富足退休 周荣辉　著	本书以企业的发展周期为主线,写各阶段企业与企业主家庭的财务规划	为读者处理人生各阶段企业与家庭的财务问题提供建议及方法,让家庭成员真正享受财富带来的益处
	互联网时代的成本观 程翔　著	本书结合互联网时代提出了成本的多维观,揭示了多维组合成本的互联网精神和大数据特征,论述了其产生背景、实现思路和应用价值	在传统成本观下为盈利的业务,在新环境下也许就成为亏损业务。帮助管理者从新的角度来看待成本,进一步做好精益管理
	财报背后的投资机会 蒋豹　著	以具体的公司案例分析,教你迅速看出财务报表与企业经营的关系、所反映的企业经营现状,从而找到投资机会	前四大会计所员工为读者解密财报,发现投资机会

管理类:效率如何提升,如何实现经营目标,如何"节流"

	书名.作者	内容/特色	读者价值
通用管理	让管理回归简单·升级版 宋新宇 著	从目标、组织、决策、授权、人才和老板自己层面教你怎样做管理	帮助管理抓住管理的要害,让管理变得简单
	让经营回归简单·升级版 宋新宇 著	从战略、客户、产品、员工、成长、经营者自身等七个方面,归纳总结出简单有效的经营法则	总结出的真正优秀企业的成功之道:简单
	让用人回归简单 宋新宇 著	从用人的原则、用人的难题与误区、用人的方法和用人者的修炼四大方面,总结出适合中小企业做好人才管理工作的法则	帮助管理者抓住用人的要害,让用人变得简单
	历史深处的管理智慧1:组织建设与用人之道 刘文瑞 著	对历史之典故、政事、人事、政制进行管理解析,鉴照企业人才的选用育留	推动理论与实践的对接,实现理性与情感的渗透,用中国话语说明管理智慧
	历史深处的管理智慧2:战略决策与经营运作 刘文瑞 著	对历史之典故、政事、人事、政制进行管理解析,鉴照企业战略设计与经营实践	推动理论与实践的对接,实现理性与情感的渗透,用中国话语说明管理智慧
	历史深处的管理智慧3:领导修炼与文化素养 刘文瑞 著	对历史之典故、政事、人事、政制进行管理解析,鉴照企业领导职业能力提升与文化修养	推动理论与实践的对接,实现理性与情感的渗透,用中国话语说明管理智慧
	管理的尺度 刘文瑞 著	对管理中的种种普遍性问题进行了批评	提高把握管理尺度的能力
	管理学在中国 刘文瑞 著	系统性介绍了管理学在中国的发展和演变	了解管理学在中国的发展脉络,更清晰理解管理学的本质
	看电影,懂管理 刘文瑞 著	16部经典电影,带你感悟管理智慧	能够帮助读者放松身心,驰骋想象,在不知不觉中增长智慧
	管理:以规则驾驭人性 王春强 著	详细解读企业规则的制定方法	从人与人博弈角度提升管理的有效性
	员工心理学超级漫画版 邢雷 著	以漫画的形式深度剖析员工心理	帮助管理者更了解员工,从而更轻松地管理员工
	老板有想法,高层有干法:企业中的将帅之道 王清华 著	深入剖析老板与高管的异同	各司其职,各行其是,相辅相成
	分股合心:股权激励这样做 段磊 周剑 著	通过丰富的案例,详细介绍了股权激励的知识和实行方法	内容丰富全面、易读易懂,了解股权激励,有这一本就够了
	边干边学做老板 黄中强 著	创业20多年的老板,有经验、能写、又愿意分享,这样的书很少	处处共鸣,帮助中小企业老板少走弯路

通用管理	成为敏感而体贴的公司 王　涛　著	本书为作者对企业的观察和冥想的随笔记录。从生活中的一个现象入手，进而探索现象背后的本质	从全新角度认识公司
	中国企业的觉醒：正直 善良 成长 王　涛　著	围绕着企业人如何发生转化展开，对中国人、中国文化及由此导致的企业现状的观察和思考	企业除了要利润，还需要道德
	有意识的思考：轻松化解问题的7个思考习惯 王　涛　著	本书是对思想、思考过程、思考方式进行的细致观察	养成好的思考习惯，更深刻地看问题
	中国式阿米巴落地实践之从交付到交易 胡八一　著	本书主要讲述阿米巴经营会计，"从交付到交易"，这是成功实施阿米巴的标志	阿米巴经营会计的工作是有逻辑关联的，一本书就能搞定
	中国式阿米巴落地实践之激活组织 胡八一　著	重点讲解如何科学划分阿米巴单元，阐述划分的实操要领、思路、方法、技术与工具	最大限度减少"推行风险"和"摸索成本"，利于公司成功搭建适合自身的个性化阿米巴经营体系
	中国式阿米巴落地实践之持续盈利 胡八一　著	把企业做成平台，企业才能做大（格局）；把平台做成阿米巴，企业才能做强（专业）；把阿米巴做成伙伴制，企业才能做久（机制）	中国式阿米巴落地实践三部曲的最后一部，告诉你企业如何做大做强做久
	集团化企业阿米巴实战案例 初勇钢　著	一家集团化企业阿米巴实施案例	指导集团化企业系统实施阿米巴
	阿米巴经营的中国模式 李志华　著	让员工从"要我干"到"我要干"，价值量化出来	阿米巴在企业如何落地，明白思路了
	欧博心法：好管理靠修行 曾　伟　著	用佛家的智慧，深刻剖析管理问题，见解独到	如果真的有'中国式管理'，曾老师是其中标志性人物
	领导这样点燃你的下属 孟广桥　著	领导者如何才能让员工积极主动地工作？如何让你的员工和下属保持工作的热情，自动自发？看了这本书就知道	只要你希望手下的"兵将"永远充满工作的斗志，这本书将使你获益良多
流程管理	1. 用流程解放管理者 2. 用流程解放管理者2 张国祥　著	中小企业阅读的流程管理、企业规范化的书	通俗易懂，理论和实践的结合恰到好处
	跟我们学建流程体系 陈立云　著	畅销书《跟我们学做流程管理》系列，更实操，更细致，更深入	更多地分享实践，分享感悟，从实践总结出来的方法论
	人人都要懂流程 金国华　余雅丽　著	当前各企业流程管理方面最为典型的痛点现象及问题案例	通俗易懂，适合企业全员阅读

质量管理	IATF16949 质量管理体系详解与案例文件汇编：TS16949 转版 IATF16949：2016 谭洪华 著	针对 IATF 的新标准做了详细的解说，同时指出了一些推行中容易犯的错误，提供了大量的表单、案例	案例、表单丰富，拿来就用
	五大质量工具详解及运用案例：APQP/FMEA/PPAP/MSA/SPC 谭洪华 著	对制造业必备的五大质量工具中每个文件的制作要求、注意事项、制作流程、成功案例等进行了解读	通俗易懂、简便易行，能真正实现学以致用
	ISO9001：2015 新版质量管理体系详解与案例文件汇编 谭洪华 著	紧密围绕 2015 年新版质量管理体系文件逐条详细解读，并提供可以直接套用的案例工具，易学易上手	企业质量管理认证、内审必备
	ISO14001：2015 新版环境管理体系详解与案例文件汇编 谭洪华 著	紧密围绕 2015 年新版环境管理体系文件逐条详细解读，并提供可以直接套用的案例工具，易学易上手	企业环境管理认证、内审必备
	SA8000：2014 社会责任管理体系认证实战 吕 林 著	作者根据自己的操作经验，按认证的流程，以相关案例进行说明 SA8000 认证体系	简单，实操性强，拿来就能用
	精益质量管理实战工具 贺小林 著	制造类企业日常工作中所需要的精益管理工具的归纳整理，并进行案例操作的细致分析	可以直接参考，实际解决生产中的具体问题
战略落地	重生——中国企业的战略转型 施炜 著	从前瞻和适用的角度，对中国企业战略转型的方向、路径及策略性举措提出了一些概要性的建议和意见	对企业有战略指导意义
	公司大了怎么管：从靠英雄到靠组织 AMT 金国华 著	第一次详尽阐释中国快速成长型企业的特点、问题及解决之道	帮助快速成长型企业领导及管理团队理清思路，突破瓶颈
	低效会议怎么改：每年节省一半会议成本的秘密 AMT 王玉荣 著	教你如何系统规划公司的各级会议，一本工具书	教会你科学管理会议的办法
	年初订计划，年尾有结果：战略落地七步成诗 AMT 郭晓 著	7 个步骤教会你怎么让公司制定的战略转变为行动	系统规划，有效指导计划实现
人力资源	HRBP 是这样炼成的之"菜鸟起飞" 新海 著	以小说的形式，具体解析 HRBP 的职责，应该如何操作，如何为业务服务	实践者的经验分享，内容实务具体，形式有趣
	HRBP 是这样炼成的之中级修炼 新海 著	本书以案例故事的方式，介绍了 HRBP 在实际工作中碰到的问题和挑战	书中的 HR 解决方案讲究因时因地制宜、简单有效的原则，重在启发读者思路，可供各类企业 HRBP 借鉴
	HRBP 是这样炼成的之高级修炼 新海 著	以故事的形式，展现了 HRBP 工作者在职业发展路上的层层深入和递进	为读者提供 HRBP 在实际工作中遇到种种问题的解决方案

人力资源	**把面试做到极致：首席面试官的人才甄选法** 孟广桥　著	作者用自己几十年的人力资源经验总结出的一套实用的确定岗位招聘标准、提升面试官技能素质的简便方法	面试官必备，没有空泛理论，只有巧妙的实操技能
	人力资源体系与 e - HR 信息化建设 刘书生　陈　莹　王美佳　著	将作者经历的人力资源管理变革、人力资源管理信息化咨询项目方法论、工具和成果全面展现给读者，使大家能够将其快速应用到管理实践中	系统性非常强，没有废话，全部是浓缩的干货
	回归本源看绩效 孙　波　著	让绩效回顾"改进工具"的本源，真正为企业所用	确实是来源于实践的思考，有共鸣
	世界 500 强资深培训经理人教你做培训管理 陈　锐　著	从 7 大角度具体细致地讲解了培训管理的核心内容	专业、实用、接地气
	曹子祥教你做激励性薪酬设计 曹子祥　著	以激励性为指导，系统性地介绍了薪酬体系及关键岗位的薪酬设计模式	深入浅出，一本书学会薪酬设计
	曹子祥教你做绩效管理 曹子祥　著	复杂的理论通俗化，专业的知识简单化，企业绩效管理共性问题的解决方案	轻松掌握绩效管理
	把招聘做到极致 远　鸣　著	作为世界 500 强高级招聘经理，作者数十年招聘经验的总结分享	带来职场思考境界的提升和具体招聘方法的学习
	人才评价中心.超级漫画版 邢　雷　著	专业的主题，漫画的形式，只此一本	没想到一本专业的书，能写成这效果
	走出薪酬管理误区 全怀周　著	剖析薪酬管理的 8 大误区，真正发挥好枢纽作用	值得企业深读的实用教案
	集团化人力资源管理实践 李小勇　著	对搭建集团化的企业很有帮助，务实，实用	最大的亮点不是理论，而是结合实际的深入剖析
	我的人力资源咨询笔记 张　伟　著	管理咨询师的视角，思考企业的 HR 管理	通过咨询师的眼睛对比很多企业，有启发
	本土化人力资源管理 8 大思维 周　剑　著	成熟 HR 理论，在本土中小企业实践中的探索和思考	对企业的现实困境有真切体会，有启发
企业文化	**36 个拿来就用的企业文化建设工具** 海融心胜　主编	数十个工具，为了方便拿来就用，每一个工具都严格按照工具属性、操作方法、案例解读划分，实用、好用	企业文化工作者的案头必备书，方法都在里面，简单易操作
	企业文化建设超级漫画版 邢　雷　著	以漫画的形式系统教你企业文化建设方法	轻松易懂好操作

	华夏基石方法：企业文化落地本土实践 王祥伍 谭俊峰 著	十年积累、原创方法、一线资料，和盘托出	在文化落地方面真正有洞察，有实操价值的书
企 业 文 化	企业文化的逻辑 王祥伍 著	为什么企业之间如此不同，解开绩效背后的文化密码	少有的深刻，有品质，读起来很流畅
	企业文化激活沟通 宋杼宸 安琪 著	透过新任HR总经理的眼睛，揭示出沟通与企业文化的关系	有实际指导作用的文化落地读本
	在组织中绽放自我：从专业化到职业化 朱仁健 王祥伍 著	个人如何融入组织，组织如何助力个人成长	帮助企业员工快速认同并投入到组织中去，为企业发展贡献力量
	企业文化定位·落地一本通 王明胤 著	把高深枯燥的专业理论创建成一套系统化、实操化、简单化的企业文化缔造方法	对企业文化不了解，不会做？有这一本从概念到实操，就够了
生 产 管 理	精益思维：中国精益如何落地 刘承元 著	笔者二十余年企业经营和咨询管理的经验总结	中国企业需要灵活运用精益思维，推动经营要素与管理机制的有机结合，推动企业管理向前发展
	300张现场图看懂精益5S管理 乐涛 编著	5S现场实操详解	案例图解，易懂易学
	高员工流失率下的精益生产 余伟辉 著	中国的精益生产必须面对和解决高员工流失率问题	确实来源于本土的工厂车间，很务实
	车间人员管理那些事儿 岑立聪 著	车间人员管理中处理各种"疑难杂症"的经验和方法	基层车间管理者最闹心、头疼的事，'打包'解决
	1. 欧博心法：好管理靠修行 2. 欧博心法：好工厂这样管 曾伟 著	他是本土最大的制造业管理咨询机构创办人，他从400多个项目、上万家企业实践中锤炼出的欧博心法	中小制造型企业，一定会有很强的共鸣
	欧博工厂案例1：生产计划管控对话录 欧博工厂案例2：品质技术改善对话录 欧博工厂案例3：员工执行力提升对话录 曾伟 著	最典型的问题、最详尽的解析，工厂管理9大问题27个经典案例	没想到说得这么细，超出想象，案例很典型，照搬都可以了
	工厂管理实战工具 欧博企管 编著	以传统文化为核心的管理工具	适合中国工厂
	苦中得乐：管理者的第一堂必修课 曾伟 编著	曾伟与师傅大愿法师的对话，佛学与管理实践的碰撞，管理禅的修行之道	用佛学最高智慧看透管理
	比日本工厂更高效1：管理提升无极限 刘承元 著	指出制造型企业管理的六大积弊；颠覆流行的错误认知；掌握精益管理的精髓	每一个企业都有自己不同的问题，管理没有一剑封喉的秘笈，要从现场、现物、现实出发
	比日本工厂更高效2：超强经营力 刘承元 著	企业要获得持续盈利，就要开源和节流，即实现销售最大化，费用最小化	掌握提升工厂效率的全新方法

生产管理	**比日本工厂更高效 3：精益改善力的成功实践** 刘承元　著	工厂全面改善系统有其独特的目的取向特征，着眼于企业经营体质（持续竞争力）的建设与提升	用持续改善力来飞速提升工厂的效率，高效率能够带来意想不到的高效益
	3A 顾问精益实践 1：IE 与效率提升 党新民　苏迎斌　蓝旭日著	系统的阐述了 IE 技术的来龙去脉以及操作方法	使员工与企业持续获利
	3A 顾问精益实践 2：JIT 与精益改善 肖志军　党新民　著	只在需要的时候，按需要的量，生产所需的产品	提升工厂效率
	手把手教你做专业的生产经理 黄　娜　著	物流、信息流、资金流，让生产经理管理有抓手	从菜鸟到能把控全局
员工素质提升	**TTT 培训师精进三部曲（上）：深度改善现场培训效果** 廖信琳　著	现场把控不用慌，这里有妙招一用就灵	课程现场无论遇到什么样的情况都能游刃有余
	TTT 培训师精进三部曲（中）：构建最有价值的课程内容 廖信琳　著	这样做课程内容，学员有收获 培训师也有收获	优质的课程内容是树立个人品牌的保证
	TTT 培训师精进三部曲（下）：职业功力沉淀与修为提升 廖信琳　著	从内而外提升自己，职业的道路一帆风顺	走上职业 TTT 内训师的康庄大道
	培训师，如何让你的事业长青：自我管理的 10 项法则 廖信琳　著	建立了一套完整的培训师自我管理体系，为培训师的职业成长与发展提供有益的指引	培训师如何在自己的职业道路上越走越高，事业长青，一直有所收获与成长？本书将给你答案
	管理咨询师的第一本书：百万年薪 千万身价 熊亚柱　著	从问题出发，发现问题、分析问题、解决问题，让两眼一抹黑的新人快速成长	管理咨询师初入职场，让这本书开启百万年薪之路
	手把手教你做专业督导：专卖店、连锁店 熊亚柱　著	从督导的职能、作用，在工作中需要的专业技能、方法，都提供了详细的解读和训练办法，同时附有大量的表单工具	无论是店铺需要统一培训，还是个人想成为优秀的督导，有这一本就够了
	跟老板"偷师"学创业 吴江萍　余晓雷　著	边学边干，边观察边成长，你也可以当老板	不同于其他类型的创业书，让你在工作中积累创业经验，一举成功
	销售轨迹：一位快消品营销总监的拼搏之路 秦国伟　著	本书讲述了一个普通销售员打拼成为跨国企业营销总监的真实奋斗历程	激励人心，给广大销售员以力量和鼓舞
	在组织中绽放自我：从专业化到职业化 朱仁健　王祥伍　著	个人如何融入组织，组织如何助力个人成长	帮助企业员工快速认同并投入到组织中去，为企业发展贡献力量
	企业员工弟子规：用心做小事，成就大事业 贾同领　著	从传统文化《弟子规》中学习企业中为人处事的办法，从自身做起	点滴小事，修养自身，从自身的改善得到事业的提升

员工素质提升	**手把手教你做顶尖企业内训师:TTT 培训师宝典** 熊亚柱 著	从课程研发到现场把控、个人提升都有涉及,易读易懂,内容丰富全面	想要做企业内训师的员工有福了,本书教你如何抓住关键,从入门到精通
	客诉处理金手指:客户投诉的应对与管理 孟广桥 著	立足于投诉处理的实践,剖析了不同投诉者投诉的特点和应对措施,并提供各种技巧方法、赢得客户信赖所需培养的品质修炼、处理投诉应掌握的法律法规等工具	是投诉处理人员适应岗位职能需要、提升工作技能的良师益友,是企业变诉为金、培养业务骨干的法宝

营销类:把客户需求融入企业各环节,提供"客户认为"有价值的东西

	书名.作者	内容/特色	读者价值
营销模式	**精品营销战略** 杜建君 著	以精品理念为核心的精益战略和营销策略	用精品思维赢得高端市场
	变局下的营销模式升级 程绍珊 叶宁 著	客户驱动模式、技术驱动模式、资源驱动模式	很多行业的营销模式被颠覆,调整的思路有了!
	卖轮子 科克斯【美】	小说版的营销学!营销理念巧妙贯其中,贵在既有趣,又有深度	经典、有趣!一个故事读懂营销精髓
	动销操盘:节奏掌控与社群时代新战法 朱志明 著	在社群时代把握好产品生产销售的节奏,解析动销的症结,寻找动销的规律与方法	都是易读易懂的干货!对动销方法的全面解析和操盘
	弱势品牌如何做营销 李政权 著	中小企业虽有品牌但没名气,营销照样能做的有声有色	没有丰富的实操经验,写不出这么具体、详实的案例和步骤,很有启发
	老板如何管营销 史贤龙 著	高段位营销16招,好学好用	老板能看,营销人也能看
	洞察人性的营销战术:沈坤教你28式 沈坤 著	28个匪夷所思的营销怪招令人拍案叫绝,涉及商业竞争的方方面面,大部分战术可以直接应用到企业营销中	各种谋略得益于作者的横向思维方式,将其操作过的案例结合其中,提供的战术对读者有参考价值
	动销:产品是如何畅销起来的 吴汀萍 余晓雷 著	真真切切告诉你,产品究竟怎么才能卖出去	击中痛点,提供方法,你值得拥有
	1000 铁杆女粉丝 张兵武 著	连接是女性与生俱来的特质。能善用连接的营销人员,就像拿到打开女性荷包的钥匙	重新认识女性的传播力量
	360°谈营销:一位营销咨询师 20 年实战洞察 王清华 古怀亮 著	各个角度,全方位,多视点剥营销	思路单一,此书帮你破
	营销按钮:扣动一触即发的力量 老苗 著	提供各种奇形怪状的营销武器	一定会带给你不一样的思维震撼

销售	资深大客户经理:策略准,执行狠 叶敦明　著	从业务开发、发起攻势、关系培育、职业成长四个方面,详述了大客户营销的精髓	满满的全是干货
	成为资深的销售经理:B2B 、工业品 陆和平　著	围绕"销售管理的六个关键控制点"一一展开,提供销售管理的专业、高效方法	方法和技术接地气,拿来就用,从销售员成长为经理不再犯难
	销售是门专业活:B2B 、工业品 陆和平　著	销售流程就应该跟着客户的采购流程和关注点的变化向前推进,将一个完整的销售过程分成十个阶段,提供具体方法	销售不是请客吃饭拉关系,是个专业的活计! 方法在手,走遍天下不愁
	向高层销售:与决策者有效打交道 贺兵一　著	一套完整有效的销售策略	有工具,有方法,有案例,通俗易懂
	卖轮子 科克斯　【美】	小说版的营销学! 营销理念巧妙贯穿其中,贵在既有趣,又有深度	经典、有趣! 一个故事读懂营销精髓
	学话术　卖产品 张小虎　著	分析常见的顾客异议,将优秀的话术模块化	让普通导购员也能成为销售精英
组织和团队	升级你的营销组织 程绍珊　吴越舟　著	用"有机性"的营销组织替代"营销能人",营销团队变成"铁营盘"	营销队伍最难管,程老师不愧是营销第 1 操盘手,步骤方法都很成熟
	用数字解放营销人 黄润霖　著	通过量化帮助营销人员提高工作效率	作者很用心,很好的常备工具书
	成为优秀的快消品区域经理(升级版) 伯建新　著	用"怎么办"分析区域经理的工作关键点,增加30%全新内容,更贴近环境变化	可以作为区域经理的"速成催化剂"
	成为资深的销售经理:B2B 、工业品 陆和平　著	围绕"销售管理的六个关键控制点"一一展开,提供销售管理的专业、高效方法	方法和技术接地气,拿来就用,从销售员成长为经理不再犯难
	一位销售经理的工作心得 蒋　军　著	一线营销管理人员想提升业绩却无从下手的,可以看看这本书	一线的真实感悟
	快消品营销:一位销售经理的工作心得2 蒋　军　著	快消品、食品饮料营销的经验之谈,重点突出	来源于实战的精华总结
	销售轨迹:一位快消品营销总监的拼搏之路 秦国伟　著	本书讲述了一个普通销售员打拼成为跨国企业营销总监的真实奋斗历程	激励人心,给广大销售员以力量和鼓舞
	用营销计划锁定胜局:用数字解放营销人2 黄润霖　著	全方位教你怎么做好营销计划,好学好用真简单	照搬套用就行,做营销计划再也不头疼
	快消品营销人的第一本书:从入门到精通 刘　雷　伯建新　著	快消行业必读书,从入门到专业	深入细致,易学易懂
产品	产品开发管理方法·流程·工具:从作坊式到规范化 任彭枨　著	产品研发管理体系全指导	既有工具,又能开拓思路
	新产品开发管理,就用 IPD(升级版) 郭富才　著	10 年 IPD 研发管理咨询总结,国内首部 IPD 专业著作	一本书掌握 IPD 管理精髓

产品	这样打造大单品：案例 策略 方法 迪智成咨询团队 著	囊括十三个不同行业、企业的实际案例，从不同角度详细剖析，总结了这些品牌厂家打造大单品的成功经验或者失败教训	厘清大单品打造的策划与路径，得出持续经营的思路与方法
	资深项目经理这样做新产品开发管理 秦海林 著	以 IPD 为思想，系统讲解新产品开管理的细节	提供管理思路和实用工具
	产品炼金术Ⅰ：如何打造畅销产品 史贤龙 著	满足不同阶段、不同体量、不同行业企业对产品的完整需求	必须具备的思维和方法，避免在产品问题上走弯路
	产品炼金术Ⅱ：如何用产品驱动企业成长 史贤龙 著	做好产品、关注产品的品质，就是企业成功的第一步	必须具备的思维和方法，避免在产品问题上走弯路
品牌	中小企业如何建品牌 梁小平 著	中小企业建品牌的入门读本，通俗、易懂	对建品牌有了一个整体框架
	采纳方法：破解本土营销8大难题 朱玉童 编著	全面、系统、案例丰富、图文并茂	希望在品牌营销方面有所突破的人，应该看看
	中国品牌营销十三战法 朱玉童 编著	采纳20年来的品牌策划方法，同时配有大量的案例	众包方式写作，丰富案例给人启发，极具价值
	今后这样做品牌：移动互联时代的品牌营销策略 蒋 军 著	与移动互联紧密结合，告诉你老方法还能不能用，新方法怎么用	今后这样做品牌就对了
	中小企业如何打造区域强势品牌 吴 之 著	帮助区域的中小企业打造自身品牌，如何在强壮自身的基础上往外拓展	梳理误区，系统思考品牌问题，切实符合中小区域品牌的自身特点进行阐述
渠道通路	深度分销：掌控渠道价值链 施 炜 著	制造商通过掌控渠道价值链，将管理触角延伸至零售层面及顾客现场，对市场根部精耕细作，从而挖掘需求，构筑区域市场尤其是三四级市场的竞争壁垒	深度分销是中国企业对世界营销的独特贡献。实践证明，互联网时代深度分销仍有生命力
	快消品营销与渠道管理 谭长春 著	将快消品标杆企业渠道管理的经验和方法分享出来	可口可乐、华润的一些具体的渠道管理经验，实战
	传统行业如何用网络拿订单 张 进 著	给老板看的第一本网络营销书	适合不懂网络技术的经营决策者看
	采纳方法：化解渠道冲突 朱玉童 编著	系统剖析渠道冲突，21个渠道冲突案例，情景式讲解，37篇讲义	系统、全面
	学话术 卖产品 张小虎 著	分析常见的顾客异议，将优秀的话术模块化	让普通导购员也能成为销售精英
	向高层销售：与决策者有效打交道 贺兵一 著	一套完整有效的销售策略	有工具，有方法，有案例，通俗易懂
	通路精耕操作全解：快消品20年实战精华 周 俊 陈小龙 著	通路精耕的详细全解，每一步的具体操作方法和表单全部无保留提供	康师傅二十年的经验和精华，实践证明的最有效方法，教你如何主宰通路

管理者读的文史哲·生活

	书名．作者	内容/特色	读者价值
思想·文化	德鲁克管理思想解读 罗　珉　著	用独特视角和研究方法，对德鲁克的管理理论进行了深度解读与剖析	不仅是摘引和粗浅分析，还是作者多年深入研究的成果，非常可贵
	德鲁克与他的论敌们：马斯洛、戴明、彼得斯 罗　珉　著	几位大师之间的论战和思想碰撞令人受益匪浅	对大师们的观点和著作进行了大量的理论加工，去伪存真、去粗存精，同时有自己独特的体系深度
	德鲁克管理学 张远凤　著	本书以德鲁克管理思想的发展为线索，从一个侧面展示了 20 世纪管理学的发展历程	通俗易懂，脉络清晰
	王阳明"万物一体"论：从"身–体"的立场看(修订版) 陈立胜　著	以身体哲学分析王阳明思想中的"仁"与"乐"	进一步了解传统文化，了解王阳明的思想
	自我与世界：以问题为中心的现象学运动研究 陈立胜　著	以问题为中心，对现象学运动中的"意向性""自我""他人""身体"及"世界"各核心议题之思想史背景与内在发展理路进行深入细致的分析	深入了解现象学中的几个主要问题
	作为身体哲学的中国古代哲学 张再林　著	上篇为中国古代身体哲学理论体系奠基性部分，下篇对由"上篇"所开出的中国身体哲学理论体系的进一步的阐发和拓展	了解什么是真正原生态意义上的中国哲学，把中国传统哲学与西方传统哲学加以严格区别
	中西哲学的歧异与会通 张再林　著	本书以一种现代解释学的方法，对中国传统哲学内在本质尝试一种全新的和全方位的解读	发掘出掩埋在古老传统形式下的现代特质和活的生命，在此基础上揭示中西哲学"你中有我，我中有你"之旨
	治论：中国古代管理思想 张再林　著	本书主要从儒、法墨三家阐述中国古代管理思想	看人本主义的管理理论如何不留斧痕地克服似乎无法调解的存在于人类社会行为与社会组织中的种种两难和对立
	车过麻城 再晤李贽 张再林　著	系统全面而又简明扼要地展示了李贽独到的学术眼力和超拔的理论建树	帮助读者重新认识李贽的思想
	中国古代政治制度(修订版)上：皇帝制度与中央政府 刘文瑞　著	全面论证了古代皇帝制度的形成和演变的历程	有助于读者从政治制度角度了解中国国情的历史渊源
	中国古代政治制度(修订版)下：地方体制与官僚制度 刘文瑞　著	全面论证了古代地方政府的发展演变过程	有助于读者从政治制度角度了解中国国情的历史渊源
	中国思想文化十八讲(修订版) 张茂泽　著	中国古代的宗教思想文化，如对祖先崇拜、儒家天命观、中国古代关于"神"的讨论等	宗教文化和人生信仰或信念紧密相联，在文化转型时期学习和研究中国宗教文化就有特别的现实意义
	史幼波《大学》讲记 史幼波　著	用儒释道的观点阐释大学的深刻思想	一本书读懂传统文化经典